RENDITE ENTSTEHT BEIM KAUF!

Wie du Immobilien als Kapitalanlage nutzt, unter Verkehrswert kaufst und mit wenig Eigenkapital intelligent investierst.

Michael Kuntze

Inhalt

Haftungsausschluss

Die Inhalte dieses Buches wurden mit größtmöglicher Sorgfalt und nach bestem Wissen und Gewissen erstellt.

Sie dienen ausschließlich der **allgemeinen Information und Weiterbildung** im Bereich Immobilien, Investitionen und wirtschaftlicher Zusammenhänge.

Dieses Buch stellt **keine Rechtsberatung, keine Steuerberatung, keine Finanz- oder Anlageberatung** dar und ersetzt diese auch nicht. Es handelt sich **nicht um eine individuelle Handlungs- oder Kaufempfehlung**, sondern um eine **allgemeine Darstellung von Konzepten, Erfahrungswerten und Rechenmodellen**.

Der Autor übernimmt **keine Gewähr** für die Aktualität, Vollständigkeit oder Richtigkeit der dargestellten Inhalte, insbesondere im Hinblick auf:

- rechtliche Rahmenbedingungen
- steuerliche Auswirkungen
- Finanzierungsmöglichkeiten
- Markt- und Preisentwicklungen
- individuelle wirtschaftliche oder persönliche Situationen

Immobilieninvestitionen sind stets mit **Risiken** verbunden. Diese können – abhängig von Markt, Finanzierung, Objekt, Lage, rechtlichen Umständen und persönlicher Situation – zu **finanziellen Verlusten bis hin zum Totalverlust** führen.

Alle im Buch dargestellten Beispiele, Rechenmodelle und Szenarien dienen ausschließlich der **Veranschaulichung** und stellen **keine Garantie für tatsächliche Ergebnisse** dar. Vergangene oder dargestellte Ergebnisse sind **kein verlässlicher Indikator für zukünftige Entwicklungen**.

Der Leser handelt bei der Umsetzung von Ideen, Strategien oder Berechnungen **eigenverantwortlich**. Vor jeder Investitions-, Kauf- oder Finanzierungsentscheidung wird ausdrücklich empfohlen, **qualifizierte Fachberater** (z. B. Rechtsanwälte, Steuerberater, Finanzierungsberater oder Sachverständige) hinzuzuziehen.

Eine Haftung des Autors für **direkte oder indirekte Schäden**, insbesondere für Vermögensschäden, entgangenen Gewinn oder sonstige Nachteile, die aus der Nutzung oder Nichtnutzung der Inhalte dieses Buches entstehen, ist **ausgeschlossen**, soweit gesetzlich zulässig.

Wichtiger Hinweis zur Einordnung

Dieses Buch ist **kein Leitfaden im Sinne einer Schritt-für-Schritt-Anleitung**, sondern eine **theoretische und praxisorientierte Wissenssammlung**, die dem Leser helfen soll, wirtschaftliche Zusammenhänge besser zu verstehen und eigene Entscheidungen informierter zu treffen.

Hinweis zu Zwangsversteigerungen:

Rechtliche Abläufe, Zuschlagsbedingungen, Finanzierungen und Risiken können je nach Einzelfall erheblich variieren. Der Leser ist verpflichtet, sich vor einer Teilnahme an Zwangsversteigerungen eigenständig und individuell zu informieren.

Kapitel 1: Warum klassische Immobilienmärkte für Einsteiger kaputt sind

Dieses Kapitel ist unbequem. Nicht, weil es kompliziert ist – sondern weil es mit einem der größten Mythen der Immobilienwelt aufräumt: „Kauf eine Wohnung in guter Lage, dann kann nichts schiefgehen."

Für Einsteiger stimmt das heute in den meisten Fällen nicht mehr. Zumindest nicht, wenn man mit begrenztem Eigenkapital startet und Rendite erzielen will. Die Realität sieht anders aus: überteuerte Objekte, aggressive Konkurrenz und Renditen, die kaum die Inflationsrate schlagen.

In diesem Kapitel schauen wir uns an, warum der Weg über klassische Portale und Makler für die meisten Einsteiger eine Sackgasse ist – und welche strukturellen Probleme dahinterstecken, die nichts mit persönlichem Versagen zu tun haben.

1.1 Der Großstadt-Mythos: teuer, umkämpft, renditeschwach

Die Theorie

Großstädte gelten als sicher. Berlin, Hamburg, München, Köln - das sind die Orte, die in fast jedem Immobilienratgeber empfohlen werden.

Die Begründung klingt logisch:

- Hohe Nachfrage
- Steigende Mieten
- Stabile Wertentwicklung

Die Realität

Das Problem: Diese Argumente sind längst eingepreist. Der Markt hat diese Vorteile bereits in den Preis einkalkuliert 3 und zwar großzügig.

Was übrig bleibt:

- Hohe Einstiegspreise
- Minimale Renditen
- Maximales Risiko bei Zinsänderungen

Beispielrechnung: Großstadt-Wohnung

Schauen wir uns ein typisches Beispiel aus einer deutschen Großstadt an. Die Zahlen sind nicht erfunden 3 sie entsprechen dem realen Marktniveau in vielen Ballungsräumen.

01

Kaufpreis

Wohnung: 300.000 €

Nebenkosten (≈10 %): 30.000 €

Gesamteinsatz: 330.000 €

02

Mieteinnahmen

Miete: 900 € kalt

Jahresmiete: 10.800 €

Bruttorendite: 10.800 € ÷ 300.000 € = **3,6 %**

03

Abzüge

- Instandhaltung (ca. 1 % p.a.)
- Verwaltung
- Rücklagen
- Leerstand
- Finanzierungskosten

04

Ergebnis

Kaum oder kein positiver Cashflow

Hohes Risiko bei Zinsanstieg, praktisch kein Spielraum für Fehler.

Für Einsteiger bedeutet das:
Viel Kapital rein, wenig Rendite raus, hohe Abhängigkeit vom Markt. Nicht gerade das, was man sich unter *„passivem Einkommen"* vorstellt

1.2 Konkurrenz frisst Rendite

Der zweite große Nachteil klassischer Märkte ist die Konkurrenz. Und zwar nicht nur durch andere Privatanleger, die samstags mit dem Makler durch Wohnungen laufen.

Institutionelle Investoren

Pensionsfonds, Versicherungen und Family Offices mit dreistelligen Millionenbudgets

Projektentwickler

Profis, die ganze Quartiere planen und einzelne Objekte nur als Bausteine sehen

Fonds und REITs

Börsennotierte Immobiliengesellschaften mit Zugang zu günstigem Kapital

Bauträger

Unternehmen, die Objekte kaufen, um sie weiterzuentwickeln oder zu zerlegen

Diese Akteure zahlen höhere Preise, akzeptieren niedrigere Renditen und denken in anderen Zeiträumen. Ein Einsteiger kann hier nicht mithalten - und muss es auch nicht. Die Frage ist nur: Warum sollte man überhaupt versuchen, in diesem Haifischbecken zu schwimmen?

1.3 Warum normale Inserate selten gute Deals sind

Immobilienportale zeigen keine Schnäppchen. Sie zeigen Marktpreise - oft sogar darüber. Das ist kein Zufall, sondern System.

Warum öffentliche Inserate teuer sind:

1. Verkäufer kennen Vergleichspreise aus Portalen
2. Makler kalkulieren ihre Provision ein (3-7 % vom Kaufpreis)
3. Preise werden >optimistisch" angesetzt – Verhandlung ist einkalkuliert
4. Echte Notverkäufe landen selten öffentlich (Familie, Freunde, Netzwerk zuerst)

- ➢ **Was jeder sieht, ist selten ein guter Deal.**

1.4 Rendite entsteht nicht durch Hoffnung, sondern durch Differenz

Immobilienrendite entsteht aus einer simplen, aber mächtigen Differenz:

Wert - Kaufpreis

Kleine Differenz bedeutet:

- Du brauchst viel Eigenkapital
- Du brauchst viel Zeit
- Du brauchst viel Glück (Marktentwicklung, keine Ausfälle)
- Fehler verzeihen sich nicht

Große Differenz bedeutet:

- Du hast mehr Sicherheit
- Spielraum für Fehler entsteht
- Rendite ist nicht an Wertsteigerung gekoppelt
- Cashflow wird schneller positiv

In klassischen Märkten ist diese Differenz oft klein - oder gar nicht vorhanden. Der Verkaufspreis liegt nah am realen Wert. Manchmal sogar darüber, wenn der Käufer emotional entscheidet oder die Konkurrenz hoch ist.

1.5 Das strukturelle Problem für Einsteiger

Fassen wir zusammen, warum der klassische Markt für Einsteiger mit begrenztem Kapital problematisch ist:

Hohe Einstiegspreise

Besonders in begehrten Lagen übersteigen die Kaufpreise oft das 30- bis 40-fache der Jahresnettokaltmiete

Niedrige Renditen

Bruttorenditen unter 4 % sind in Großstädten Standard – nach Abzug aller Kosten bleibt oft nichts übrig

Viel Konkurrenz

Institutionelle Investoren und kapitalstarke Privatanleger drücken die Renditen weiter nach unten

Wenig Verhandlungsspielraum

Makler und Verkäufer kennen den Markt – Preisabschläge gibt es nur bei Problemimmobilien

Kaum Puffer für Fehler

Eine längere Mietausfall, unerwartete Reparaturen oder Zinssteigerungen können die Rechnung kippen

Das ist kein individuelles Problem einzelner Käufer 3 es ist ein strukturelles Problem des Marktes. Und genau deshalb braucht es einen anderen Zugang.

1.6 Warum dieses Buch einen anderen Weg geht

Dieses Buch setzt NICHT auf:

- Glück
- Markt-Timing
- >Top-Lagen"
- Wertsteigerungsfantasien
- >Geheime Makler-Kontakte"

Sondern auf:

- Informationsvorsprung
- Rechtliche Strukturen (ZVG)
- Zahlen, Fakten, Gutachten
- Kaufpreise deutlich unter Marktwert
- Systematisches Vorgehen

Dieser Zugang existiert - wird aber von vielen gemieden, weil er ungewohnt ist, Erklärung erfordert und Arbeit bedeutet. Sein Name: **Zwangsversteigerung.**

Keine Sorge: Das ist kein dunkler Hinterhof-Markt. Es ist ein gesetzlich geregeltes, transparentes Verfahren. Nur eben eines, das die meisten nicht verstehen. Und genau darin liegt die Chance.

1.7 Fazit: Der klassische Markt ist ungeeignet - nicht unmöglich

Der klassische Immobilienmarkt ist nicht >schlecht". Er ist nur ungeeignet für Einsteiger, die wenig Eigenkapital haben, rechnen müssen, Sicherheit wollen und Rendite verstehen.

3,6%	10%	30K€
Bruttorendite	**Nebenkosten**	**Eigenkapital**
Typisch für Großstadt-Wohnungen – vor Kosten	Notar, Grunderwerbsteuer, Makler – oft unterschätzt	Mindestbetrag für eine 300.000-€-Wohnung (ohne Finanzierung

Wenn du bereit bist, dich von Mythen zu lösen und dich mit Zahlen, Gutachten und rechtlichen Abläufen zu beschäftigen, gibt es Alternativen. Und genau dort beginnt dieses Buch.

Im nächsten Kapitel geht es um das, was viele abschreckt - und warum genau das eine Chance ist: Zwangsversteigerungen.

Kapitel 2: Zwangsversteigerungen - Angst, Vorurteile und Wahrheit

Zwangsversteigerungen haben ein Imageproblem. Nicht, weil sie gefährlich sind - sondern weil die meisten Menschen sie nicht verstehen. Und was man nicht versteht, meidet man.

Dieses Kapitel räumt mit den typischen Vorurteilen auf und zeigt, warum gerade diese Marktform für informierte Einsteiger interessant ist. Spoiler: Es hat weniger mit „Schnäppchenjagd" zu tun, als du denkst - und mehr mit strukturellem Vorteil.

2.1 Warum viele Investoren Zwangsversteigerungen meiden

Die meisten Anleger kaufen Immobilien über Makler, über Portale oder über Empfehlungen im Bekanntenkreis. Zwangsversteigerungen liegen außerhalb dieses gewohnten Systems - und genau das schreckt ab.

„Zu kompliziert – da muss man Jura studiert haben!"

„Viel zu viele Risiken – da wohnt doch noch jemand drin!"

„Das ist nur was für Profis mit Anwalt und allem."

„Da kann man alles verlieren, wenn man nicht aufpasst!"

Diese Aussagen haben einen gemeinsamen Ursprung: Unwissen. Nicht Dummheit - Unwissen. Und Unwissen lässt sich beheben.

> ☐ **Kleiner Reality-Check:** Die gleichen Leute, die Zwangsversteigerungen „zu riskant" finden, kaufen ohne Besichtigung eine Wohnung, weil der Makler „ganz nett" war. Risiko ist relativ.

2.2 Angst entsteht dort, wo Wissen fehlt

Warum Zwangs-versteigerungen abschreckend wirken:

- Kein Makler führt durch den Prozess
- Kein Verkäufer erklärt freundlich das Objekt
- Keine Besichtigung ist garantiert
- Entscheidungen müssen eigenständig getroffen werden
- Das Verfahren läuft nach Gesetzen, nicht nach Gefühl

Warum das ein Vorteil ist:

- Genau diese Hürden halten die Konkurrenz fern. Während bei einem normalen Immobilienkauf 20 Interessenten vor dir stehen, sitzen bei einer Versteigerung oft nur 3-5 Bieter im Saal.
- Und von denen haben meist nur 1-2 wirklich gerechnet.

Wer bereit ist, sich mit rechtlichen Abläufen, Gutachten und Zahlen zu beschäftigen, bewegt sich plötzlich in einem Markt mit deutlich weniger Bietern. Unwissen ist dein Freund - solange es die anderen haben.

2.3 Die größten Vorurteile - und was wirklich dahintersteckt

1

„Zwangsversteigerungen sind extrem riskant"

Falsch – unkalkuliert sind sie riskant. Gerechnet sind sie oft sicherer als normale Käufe.

Warum? Weil der Kaufpreis häufig deutlich unter dem Marktwert liegt. Diese Sicherheitsmarge entsteht beim Erwerb – nicht erst durch Wertsteigerung.

2

„Da wohnt immer jemand drin"

Manchmal ja. Aber: nicht immer, und nicht automatisch problematisch.

Ob ein Objekt leer steht, vom Eigentümer genutzt wird oder vermietet ist, steht im Gutachten. Das ist keine Überraschung – es ist Aktenlage.

3

„Das ist nur etwas für Profis"

Nein. Es ist etwas für Menschen, die lesen, rechnen und Entscheidungen treffen können.

Zwangsversteigerungen erfordern keine Kontakte, kein Insiderwissen, keine Beziehungen. Nur: Vorbereitung, Disziplin, Zahlenverständnis.

Vorurteil im Detail: " Da wohnt doch noch jemand drin!"

Dieses Vorurteil hält sich hartnäckig - und ist gleichzeitig eines der am leichtesten zu klärenden. Schauen wir uns die Realität an:

Fall 1: Objekt ist leer

Der Eigentümer ist bereits ausgezogen, die Immobilie steht leer. Nach Zuschlag kannst du direkt rein – renovieren, vermieten, verkaufen. **Kein Problem.**

Fall 2: Objekt ist vermietet

Es besteht ein rechtsgültiger Mietvertrag. Du übernimmst diesen Vertrag nach § 566 BGB („Kauf bricht nicht Miete"). Du wirst neuer Vermieter, der Mieter bleibt. **Planbar.**

Fall 3: Eigentümer wohnt selbst drin

Der bisherige Eigentümer nutzt das Objekt selbst. Nach Zuschlag wird er zum „Besitzer ohne Recht" – du kannst Räumung verlangen. Das dauert, ist aber rechtlich klar geregelt. **Kalkulierbar.**

Wichtig: Die Situation steht IMMER im Gutachten. Du bietest nicht blind. Du weißt vorher, was dich erwartet. Und ja, Fall 3 kann nervig sein – aber auch das lässt sich einpreisen.

2.4 Der rechtliche Rahmen ist klar geregelt

Zwangsversteigerungen sind kein Graubereich, kein Wildwest-Markt, keine Lotterie. Sie folgen einem festen gesetzlichen Ablauf - dem Zwangsversteigerungsgesetz (ZVG).

Das bedeutet konkret:

- Gleiche Regeln für alle Bieter
- Transparente Bedingungen
- Öffentlich einsehbare Termine
- Standardisierte Gutachten
- Feste Zuschlagsgrenzen
- Definierte Rechte und Pflichten
- Klare Zahlungsfristen

Wer diese Regeln kennt, hat keinen Nachteil - sondern einen massiven Vorteil gegenüber unvorbereiteten Bietern, die emotional oder impulsiv handeln.

„Das Gesetz schützt nicht die Mutigen - es schützt die Vorbereiteten."

2.5 Warum gerade Einsteiger profitieren können

Hier kommt der Punkt, an dem viele überrascht sind: Einsteiger haben in Zwangsversteigerungen oft einen strukturellen Vorteil gegenüber „erfahrenen" Investoren.

Betriebsblindheit

Viele erfahrene Investoren meiden Zwangsversteigerungen pauschal, weil „das nicht ihr Markt ist"

Komfortzone

Sie bleiben in gewohnten Märkten und akzeptieren niedrige Renditen, weil der Prozess vertraut ist

Neuer Blick

Einsteiger können unbelastet rechnen, neue Wege gehen und Chancen nutzen, die andere ignorieren

Zwangsversteigerungen belohnen nicht Erfahrung - sie belohnen **Vorbereitung.** Und Vorbereitung kann jeder lernen.

> **Ehrlich gesagt:** Wenn du als Einsteiger mit Excel, einem Taschenrechner und einem Gutachten besser vorbereitet bist als 80 % der Anwesenden, dann ist das kein Zufall. Das ist ein struktureller Vorteil.

2.6 Der wahre Grund, warum hier Chancen entstehen

Der Markt funktioniert nach einem einfachen, aber mächtigen Prinzip:

Wo viele Angst haben, ist wenig Konkurrenz
Wo wenig Konkurrenz ist, entstehen niedrige Preise

Zwangsversteigerungen kombinieren zwei Faktoren, die für dich als Käufer ideal sind

Für Unvorbereitete:

Unsicherheit, Unklarheit, gefühltes Risiko,
komplizierte Abläufe, keine Besichtigung, keine Maklerbetreuung

➔ Sie bleiben weg

Für Informierte:

Klarheit durch Gutachten, Zahlen statt
Bauchgefühl, gesetzlich geregelter Ablauf,
deutlich weniger Bieter

➔ Du hast Spielraum

Das ist kein Zufall - es ist systembedingt. Und genau deshalb reproduzierbar.

2.7 Zwangsversteigerungen sind keine Lotterie

Lass uns mit einem letzten Mythos aufräumen: der Vorstellung, dass Zwangsversteigerungen eine Art Glücksspiel sind.

Lotterie

- Zufälliges Ergebnis
- Keine Kontrolle
- Keine Vorbereitung möglich
- Hoffnung ist die Strategie

Zwangsversteigerung

- Gutachten vorab verfügbar
- Grundbuch einsehbar
- Rechnen ist möglich
- Zahlen sind die Strategie

Der Unterschied ist fundamental. Wer eine Zwangsversteigerung als Lotterie behandelt, wird scheitern. Wer sie als Rechenprozess behandelt, hat eine Chance.

2.8 Fazit Kapitel 2: Vorurteile entstehen durch Unwissen

Zwangsversteigerungen sind nicht riskanter als normale Käufe. Sie sind nicht geheimnisvoll. Sie sind nicht nur für Profis. Sie sind: ungewohnt, erklärungsbedürftig, zahlengetrieben.

Und genau deshalb sind Zwangsversteigerungen für viele Einsteiger eine echte Chance. Nicht, weil sie einfach sind 3 sondern weil sie verstehbar sind.

Kapitel 3: Das Zwangsversteigerungsgesetz (ZVG) - verständlich erklärt

Zwangsversteigerungen wirken für viele wie ein juristisches Minenfeld. Paragrafen, Fristen, unbekannte Begriffe. Genau hier steigen die meisten aus. Das ist ein Fehler.

Denn das Zwangsversteigerungsgesetz (ZVG) ist kein Gegner des Käufers - es ist ein klar strukturiertes Regelwerk, das für alle Beteiligten gleich gilt. Wer es versteht, hat keinen Nachteil. Er hat einen **Informationsvorsprung**.

3.1 Warum das ZVG dein wichtigstes Werkzeug ist

Im normalen Immobilienmarkt gelten:

- Verhandlung und Psychologie
- Maklerinteressen
- Intransparente Preise
- Emotionale Entscheidungen
- „Verkauft wird, was sich verkaufen lässt"

In der Zwangsversteigerung gilt:

- Gesetz
- Aktenlage
- Feste Abläufe
- Gleiche Regeln für alle
- „Verkauft wird nach Recht"

Das ZVG sorgt dafür, dass kein Verkäufer tricksen kann, kein Makler Preise lenkt und kein Insider bevorzugt wird. Für Investoren mit Zahlenverständnis ist das ein **fairer Markt**.

> **Kleiner Hinweis:** Das ZVG umfasst 185 Paragrafen. Du musst nicht alle kennen. Aber etwa 10–15 davon solltest du wirklich verstehen. Und genau die schauen wir uns jetzt an.

3.2 Warum es überhaupt zu Zwangsversteigerungen kommt

Eine Zwangsversteigerung ist kein Sonderfall oder eine Ausnahme. Sie ist das Ergebnis eines klaren, rechtlich geregelten Sachverhalts:

01

Zahlungsausfall

Ein Kredit kann nicht mehr bedient werden (z. B. durch Arbeitslosigkeit, Scheidung, Insolvenz)

02

Gläubiger fordert Befriedigung

Die Bank (oder ein anderer Gläubiger) macht ihre Forderung geltend – zunächst außergerichtlich, dann gerichtlich

03

Gericht verwertet Immobilie

Das Amtsgericht ordnet die Zwangsversteigerung an und führt das Verfahren durch

Wichtig: Das Gericht verkauft nicht im Interesse des Schuldners, sondern zur Befriedigung der Gläubiger. Das erklärt, warum Emotionen keine Rolle spielen, der Preis nicht „verhandelt" wird und der Zuschlag regelbasiert erfolgt.

3.3 Die drei zentralen Akteure im Verfahren

1. Das Amtsgericht

Organisiert das Verfahren, setzt Termine fest, entscheidet über den Zuschlag. Das Gericht ist neutral – es verkauft nicht „möglichst teuer", sondern rechtssicher.

2. Der Gutachter

Erstellt das Verkehrswertgutachten, bewertet Objekt, Lage und Zustand nach festen Regeln. Er verkauft nicht – er schätzt auf Basis der Aktenlage.

3. Der Gläubiger (z. B. Bank)

Hat eine Forderung und will diese realisieren. Kann Einfluss auf das Verfahren nehmen (z. B. Zuschlagsversagung). Handelt nicht emotional, sondern nach Risikominimierung.

3.4 Der Ablauf einer Zwangsversteigerung 3 Schritt für Schritt

Eine Zwangsversteigerung folgt einem festen, vorhersehbaren Ablauf. Keine Überraschungen, keine Tricks - nur Prozess. Schauen wir uns die einzelnen Schritte an:

Schritt 1: Anordnung

Gläubiger beantragt Zwangsversteigerung beim Amtsgericht. Gericht eröffnet das Verfahren. Objekt wird offiziell gelistet. **Ab jetzt öffentlich einsehbar.**

Schritt 2: Gutachten

Gericht beauftragt einen Gutachter (§ 74a ZVG). Gutachten wird erstellt. Verkehrswert wird festgelegt. **Keine Verkaufspreisempfehlung – nur Bewertungsgrundlage.**

Schritt 3: Terminfestsetzung

Termin wird öffentlich bekannt gemacht (§ 37 ZVG). Bieter können Gutachten einsehen, Grundbuch prüfen, rechnen, sich vorbereiten. **Hier trennen sich Leser von Rechnern.**

Schritt 4: Versteigerungstermin

Bietstunde (mind. 30 Min., § 71 ZVG). Gebote werden öffentlich abgegeben. Keine Nachverhandlungen, kein Zurück nach Zuschlag. Der Zuschlag erfolgt nach gesetzlichen Regeln.

Rechtliche Grundlage: Die wichtigsten Paragrafen

Du musst kein Jurist sein - aber diese Paragrafen solltest du kennen. Sie sind deine rechtliche Grundlage und dein Schutz vor bösen Überraschungen.

§ ZVG	Thema	Was das für dich bedeutet
§ 37	Bekanntmachung des Termins	Termine sind öffentlich – niemand hat geheime Infos
§ 44	Einsicht Gutachten/Grundbuch	Du kannst ALLES prüfen – nutze das!
§ 71	Ablauf der Versteigerung	Mindestens 30 Min. Bietstunde – keine Hektik
§ 74a	Verkehrswertgutachten	Gutachten ist Pflicht – Basis deiner Rechnung
§ 85a	Zuschlagsversagung 1. Termin	Die berühmte 7/10-Regel (mehr dazu gleich)
§ 90	Wegfall im 2. Termin	Keine Mindestgrenzen mehr – hier entstehen Chancen

☐ **Tipp:** Druck dir diese Paragrafen aus und leg sie neben deine Recherche. Wenn du sie 3–4 Mal gelesen hast, sitzen sie. Und dann bist du besser vorbereitet als 90 % der Bieter im Saal.

3.5 Zuschlagsgrenzen: Schutzmechanismus im System

Das ZVG kennt Schutzmechanismen, um Schleuderpreise zu verhindern und Gläubigerinteressen zu wahren. Dazu gehören die Zuschlagsgrenzen - und die sind nicht dein Feind, sondern dein Werkzeug.

Im ersten Termin (§ 74a ZVG):

Liegt das Meistgebot unter **7/10 des Verkehrswerts**, kann der Gläubiger den Zuschlag versagen lassen.

Zusätzlich: Bei Geboten unter **5/10 des Verkehrswerts** kann das Gericht den Zuschlag von Amts wegen versagen.

Im zweiten Termin (§ 85a ZVG):

Diese Grenzen **entfallen komplett**. Jedes Gebot ist grundsätzlich zuschlagsfähig - egal wie niedrig.

Das ist der Punkt, an dem die größten Chancen entstehen.

Diese Regeln sind nicht willkürlich 3 sie sind planbar, berechenbar und strategisch nutzbar. Ein zentrales Element davon ist die 7-Zehntel-Regel - und genau darum geht es im nächsten Kapitel.

3.6 Warum Wissen hier bares Geld wert ist

„Im normalen Markt entscheidet oft, wer schneller ist, wer lauter ist, wer besser verhandelt. In der Zwangsversteigerung entscheidet, wer besser vorbereitet ist, wer die Regeln kennt, wer rechnen kann."

Das ZVG sorgt dafür, dass Emotionen ausgeblendet werden, Zahlen dominieren und Struktur wichtiger ist als Bauchgefühl. Und genau das ist dein Vorteil.

Wissen

Die Regeln des ZVG verstehen und anwenden können

Rechnen

Verkehrswert, Kosten, Risiken und Rendite kalkulieren

Disziplin

Eigenes Limit setzen und einhalten – keine Bietgefechte

Geduld

Nicht im ersten Termin emotional bieten – auf den zweiten warten

3.7 Fazit Kapitel 3: Das ZVG ist dein Freund

Das Zwangsversteigerungsgesetz ist kein Hindernis, keine Hürde, kein Risiko an sich. Es ist der Rahmen, die Spielregel, dein Werkzeug.

185

Paragrafen im ZVG

Davon musst du etwa 10–15 wirklich kennen

100%

Transparenz

Alle Infos sind öffentlich einsehbar – für jeden gleich

0

Makler nötig

Du brauchst keine Beziehungen – nur Vorbereitung

Wer das ZVG versteht, bewegt sich nicht im Blindflug - sondern in einem klar geregelten, fairen Markt. Und wer die Regeln kennt, kann sie nutzen.

Im nächsten Kapitel geht es um die Regel, die den größten Hebel bietet: die 7 Zehntel-Regel - und warum der zweite Termin für Investoren oft der entscheidende ist.

Kapitel 4: Die 7-Zehntel-Regel – und warum sie dein größter Hebel ist

Wenn es eine Regel gibt, die über Gewinn oder Mittelmaß entscheidet, dann ist es diese. Die 7-ZehntelRegel ist kein Detail - sie ist der zentrale Mechanismus, der Zwangsversteigerungen für Investoren interessant macht.

Und gleichzeitig der Grund, warum viele Bieter systematisch zu viel zahlen. Lass uns das ändern.

4.1 Was die 7-Zehntel-Regel überhaupt ist (§ 74a ZVG)

Das Zwangsversteigerungsgesetz schützt Gläubiger vor extrem niedrigen Erlösen - allerdings nur unter bestimmten Bedingungen. Die rechtliche Grundlage dafür ist **§ 74a ZVG.**

Die Regel im ersten Termin:

Liegt das Meistgebot unter **0,7 · V**, kann der Gläubiger die Zuschlagsversagung beantragen.

Dabei ist **V** = festgesetzter Verkehrswert aus dem Gutachten

Beispiel:

V = 100.000 €
7-Zehntel-Grenze = 70.000 €

Bedeutung:
Gebote unter 70.000 € können zurückgewiesen werden.

Gebote ab 70.000 € sind grundsätzlich zuschlagsfähig.

Wichtig: Diese Regel gilt nicht automatisch, sondern nur, wenn ein berechtigter Gläubiger sie beantragt. In der Praxis geschieht das fast immer - Banken schützen ihre Forderungen konsequent.

4.2 Warum der erste Termin selten interessant ist

Viele Einsteiger glauben: „Ich gehe in den Termin und hoffe auf ein Schnäppchen." Das funktioniert im ersten Termin fast nie. Warum?

Die 7/10-Grenze wirkt wie ein Preisschild

Bieter orientieren sich unbewusst an dieser Zahl – sie wird zum psychologischen Anker

Emotionen treiben Gebote nach oben

Mehrere Bieter im Saal führen zu Bietgefechten – Ratio weicht Konkurrenzdenken

Konkurrenz ist am größten

Im ersten Termin sind die meisten Interessenten da – inklusive unvorbereiteter Gelegenheitsbieter

Ergebnis: Preise nahe am Verkehrswert

Kaum Sicherheitsmarge, wenig Renditepuffer, oft 70–90 % des Verkehrswerts

Für Investoren mit Zahlenverständnis ist das kein guter Einstiegspunkt. Der erste Termin ist ein Auswahlverfahren - kein Schnäppchenmarkt.

4.3 Der zweite Termin: Wegfall der 7- Zehntel-Grenze (§ 85A ZVG)

Jetzt kommt der entscheidende Punkt - und der Grund, warum dieses Kapitel existiert.

Im zweiten Termin entfällt die 7-Zehntel-Regel

Rechtlich geregelt in § 85a ZVG: Im zweiten Versteigerungstermin entfallen die Zuschlagsgrenzen aus § 74a ZVG vollständig. Es gibt kein gesetzliches Mindestgebot mehr.

Das bedeutet konkret:

- Der Zuschlag kann zu jedem Preis erfolgen
- Keine Schutzgrenze für Gläubiger
- Gebote unter 50 % des Verkehrswerts sind möglich
- Entscheidend ist nur: Wer bietet überhaupt?

Warum das entsteht:

Das Gesetz will verhindern, dass Objekte ewig unverkauft bleiben. Nach dem ersten gescheiterten Versuch sinkt die Schutzgrenze - der Markt soll räumen.

Für dich: **maximaler Hebel.**

4.4 Warum hier die besten Deals entstehen

Im zweiten Termin passiert etwas Entscheidendes - eine strukturelle Verschiebung, die du zu deinem Vorteil nutzen kannst:

„Der Verkehrswert, das Gutachten, der reale Immobilienwert - all das bleibt. Was sich ändert: die Anzahl der Konkurrenten."

Das ist der Moment, in dem Wissen wichtiger wird als Kapital.

4.5 Rechenbeispiel: Erster vs. Zweiter Termin

Zahlen sagen mehr als Theorie. Schauen wir uns ein realistisches Szenario an - basierend auf tatsächlichen Versteigerungsergebnissen:

Position	Erster Termin	Zweiter Termin
Verkehrswert (V)	100.000 €	100.000 €
7/10-Grenze	70.000 € (relevant)	-- (entfällt)
Anzahl Bieter	5–8 Bieter	1–2 Bieter
Meistgebot	72.000 €	30.000 €
Zuschlag	Versagt (unter 70k)	Erteilt
Differenz zu V	**28 %**	**70 %**

Der Wert der Immobilie hat sich nicht geändert - er bleibt bei ca. 100.000 €. Die Differenz entsteht nicht durch Glück, sondern durch Systematik

Reality-Check: Ja, solche Fälle existieren. Nein, sie sind nicht die Regel. Aber sie sind häufig genug, dass eine systematische Strategie funktioniert. Und genau darum geht es.

4.6. Psychologie der Bieter im zweiten Termin

Im zweiten Termin treffen oft zwei Gruppen aufeinander - und der Unterschied zwischen ihnen entscheidet über den Preis:

Gruppe 1: Unvorbereitete Gelegenheitsbieter

- Kommen aus Neugier oder Langeweile
- Kennen das Objekt oberflächlich
- Haben kein klares Limit

Gruppe 2: Vorbereitete Investoren

- Haben gerechnet und Kosten kalkuliert
- Kennen Risiken und Spielraum
- Wissen genau, wann sie aussteigen

- Bieten emotional oder gar nicht
- „Mal schauen, was passiert"

- Handeln diszipliniert, nicht emotional
- „Ich biete bis X - nicht einen Cent mehr"

Je weniger Bieter aus Gruppe 2 anwesend sind, desto größer ist dein Preishebel. Und im zweiten Termin ist diese Gruppe deutlich kleiner.

4.7 Warum viele diese Regel nicht nutzen

Die 7-Zehntel-Regel und der zweite Termin sind kein Geheimnis. Sie stehen im Gesetz, sind öffentlich, jeder kann sie nutzen. Warum tun es dann so wenige?

Ungeduld

„Ich will jetzt kaufen, nicht in 3 Monaten nochmal kommen"

Angst vor Zeitverlust

„Was, wenn dann jemand anderes zuschlägt?"

Unterschätzen des zweiten Termins

„Wenn's im ersten nicht geklappt hat, ist das Objekt wohl schlecht"

Überschätzen von Risiken

„Ohne Schutzgrenze kann doch alles schiefgehen!"

Dabei ist der zweite Termin kein Geheimtipp, kein Trick - er ist gesetzlich vorgesehen. Er ist nur unbequem. Und genau deshalb lukrativ.

Checkliste: Vorbereitung auf den zweiten Termin

Wenn du den zweiten Termin strategisch nutzen willst, brauchst du eine klare Vorbereitung. Hier ist deine Checkliste:

- ### Objekt bereits im ersten Termin analysiert?
  Gutachten gelesen, Grundbuch geprüft, Kosten kalkuliert
- ### Warum ist der erste Zuschlag gescheitert?
  Zu niedriges Gebot? Kein Bieter? Versagung durch Gläubiger?
- ### Hat sich etwas am Objekt geändert?
  Neues Gutachten? Neue Belastungen? Änderung der Aktenlage?
- ### Wie viele Paralleltermine gibt es?
  Konkurrenz durch andere Versteigerungen am gleichen Tag/in der gleichen Region?
- ### Dein Limit ist gesetzt - und eingehalten?
  Maximalgebot festgelegt, Finanzierung geklärt, keine emotionalen Gebote
- ### Sicherheitsreserve einkalkuliert?
  Was, wenn Renovierung teurer wird? Was, wenn Mieter später einziehen?

4.8 Praxistipp: Der zweite Termin ist keine Garantie

Lass uns ehrlich sein: Der zweite Termin ist kein Automatismus für Schnäppchen. Aber er verschiebt die Wahrscheinlichkeiten massiv zu deinen Gunsten.

Realistische Erwartungen:

- Nicht jedes Objekt wird im zweiten Termin billig
- Manchmal gibt es 3-4 vorbereitete Bieter
- Manchmal bietet die Bank selbst mit
- Manchmal ist das Objekt einfach unattraktiv

Aber: In 60-70 % der Fälle ist die Konkurrenz deutlich geringer. Und genau das reicht, um langfristig erfolgreicher zu sein als im klassischen Markt.

4.9 Fazit Kapitel 4: Die 7-ZehntelRegel ist dein Hebel

„Die 7-Zehntel-Regel ist kein Hindernis - sie ist ein Filter. Sie sortiert ungeduldige Käufer aus und lässt rechnende Investoren rein."

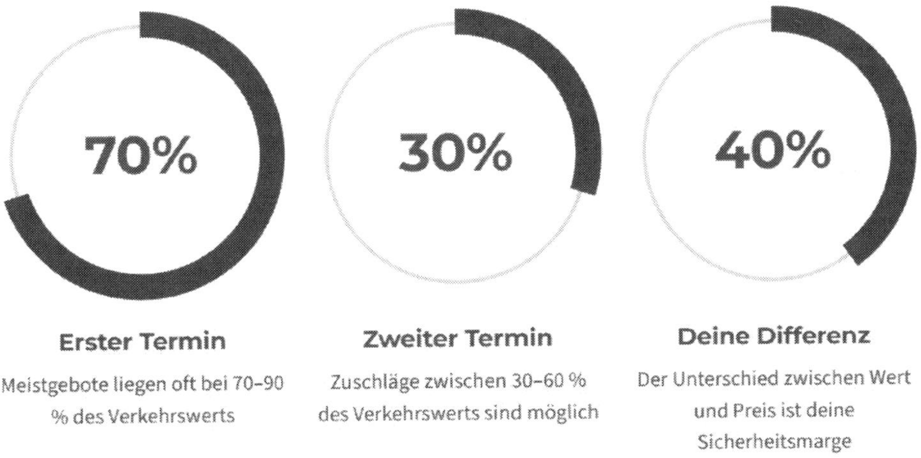

Der größte Hebel in Zwangsversteigerungen entsteht dort, wo Regeln enden - und Vorbereitung beginnt. Der zweite Termin ist kein Geheimnis. Er ist ein Werkzeug. Im nächsten Kapitel geht es um die praktische Umsetzung: Wie du mithilfe öffentlicher Daten gezielt Objekte findest, analysierst und Konkurrenz einschätzt - bevor du einen Fuß ins Gericht setzt.

Kapitel 5: Recherche in der Praxis - Arbeiten mit zvg.com

Zwangsversteigerungen sind kein Geheimmarkt. Alle relevanten Informationen sind öffentlich zugänglich - man muss sie nur richtig nutzen. Die zentrale Plattform dafür ist **zvg.com.**

Wer sie systematisch nutzt, verschafft sich einen klaren Vorsprung gegenüber unvorbereiteten Bietern. Keine Kontakte nötig, keine Insiderinfos, kein Glück - nur Methode.

5.1 Warum zvg.com das wichtigste Recherchewerkzeug ist

zvg.com ist die zentrale Datenbank für Zwangsversteigerungen in Deutschland. Die Plattform wird vom Bundesjustizministerium betrieben und bündelt alle öffentlichen Termine.

Was zvg.com bietet:

- Alle Zwangs-versteigerungstermine bundesweit
- Strukturiert nach Amtsgerichten
- Kostenlos zugänglich
- Verkehrswerte einsehbar
- Termine mit Aktenzeichen verlinkt

Was zvg.com ersetzt:

- Makler
- Verkaufsanzeigen
- Exposés mit Hochglanzfotos
- Marketing-Rhetorik

Stattdessen: Aktenlage, Zahlen, Fakten.

Für Investoren ist das ein Vorteil - für Träumer eher nicht. zvg.com zeigt dir die Wahrheit, nicht die Verkaufsversion.

5.2 Die richtigen Filter setzen - keine Informationsüberflutung

Der größte Fehler bei der Recherche ist: „Ich schaue einfach mal, was es gibt." So entsteht Informationsüberflutung - aber keine Strategie.

01

Region definieren

Fokus auf Klein- und Mittelstädte, Randlagen, strukturell stabile Regionen (Arbeitsmarkt, Infrastruktur)

02

Objektart eingrenzen

Bevorzugt: Einfamilienhäuser, kleine Mehrfamilienhäuser, einfache Eigentumswohnungen (keine Gewerbe, keine Luxusobjekte)

03

Verkehrswert begrenzen

Nicht zu hoch: überschaubares Risiko, bessere Finanzierbarkeit, geringere Konkurrenz

04

Terminanzahl beobachten

Wie viele Termine gibt es parallel in der Region? Viele Termine = weniger Bieter pro Objekt

Je klarer die Filter, desto besser die Ergebnisse. Qualität vor Quantität - immer.

5.3 Warum Klein- und Mittelstädte strategisch überlegen sind

Großstädte haben viele Bieter, hohe Erwartungen und aggressive Preisentwicklungen. Klein- und Mittelstädte bieten das Gegenteil - und genau deshalb sind sie interessant.

Großstädte	Klein- und Mittelstädte
Viele Bieter, hohe Konkurrenz	Weniger Konkurrenz, mehr Spielraum
Preise oft nahe Verkehrswert	Größere Differenzen möglich
Bruttorenditen 3–4 %	Bruttorenditen 6–10 % realistisch
Hohe Kaufnebenkosten (Makler!)	Keine Maklerkosten bei ZVG
Wertsteigerung nötig für Rendite	Cashflow auch ohne Wertsteigerung

Entscheidend ist nicht die Einwohnerzahl, sondern: lokale Nachfrage, Infrastruktur (Anbindung, Schulen, Ärzte), wirtschaftliche Stabilität (Arbeitsplätze, keine Abwanderung).

Beispiel: Ein Objekt mit 5 % Bruttorendite in München ist oft schlechter als 8 % in einer Kleinstadt mit stabilem Arbeitsmarkt. Warum? Weil dein Kaufpreis, deine Finanzierungskosten und dein Risiko deutlich niedriger sind.

5.4 Der Verkehrswert als erster Prüfstein

Der Verkehrswert ist der Ausgangspunkt jeder Analyse - aber er ist keine heilige Zahl. Er ist eine Rechengröße, erstellt von einem Gutachter auf Basis bestimmter Annahmen.

Der Verkehrswert ist:

- Eine Schätzung
- Keine Kaufempfehlung
- Keine Garantie
- Oft konservativ
- Manchmal überhöht

Fragen, die du stellen musst:

- Wie alt ist das Gutachten?
- Gab es eine Innenbesichtigung?
- Sind Modernisierungen berücksichtigt?
- Wie realistisch wirkt der Zustand?
- Welche Vergleichsobjekte wurden genutzt?

Ein überhöhter Verkehrswert schreckt Bieter ab und erhöht die Chance auf niedrige Zuschläge im zweiten Termin. Das ist kein Bug - das ist ein Feature.

5.5 Konkurrenzanalyse vor dem Termin

Ein unterschätzter Punkt: Nicht das Objekt entscheidet allein über den Preis - sondern die Konkurrenz. Wenn 10 Bieter im Saal sitzen, wird's teuer. Wenn 2 Bieter da sind, wird's interessant.

Wie viele Termine gibt es parallel?

Viele Termine am gleichen Tag in der gleichen Region bedeuten: weniger Bieter pro Objekt, geringere Aufmerksamkeit, bessere Chancen im zweiten Termin.

Ähnliche Objekte zeitgleich?

Wenn 3 Einfamilienhäuser gleichzeitig versteigert werden, verteilt sich die Nachfrage. Das senkt die Konkurrenz pro Objekt.

Wie oft scheitern Zuschläge?

Beobachte, wie viele Objekte im ersten Termin keinen Zuschlag erhalten. Das gibt dir ein Gefühl für die Marktdynamik vor Ort.

5.6 Vorauswahl statt Aktionismus - Geduld zahlt sich aus

Ziel der Recherche ist nicht, sofort zu bieten. Ziel ist: eine Shortlist, 3-5 interessante Objekte, langfristige Beobachtung.

Erstelle eine einfache Tabelle mit folgenden Spalten:

Akten-zeichen	Ort	Objekt-typ	Verkehrs-wert	Termin 1	Ergebnis	Termin 2	Notizen
123 K 456/23	Muster-stadt	EFH	150.000 €	15.03.2024	Versagt	14.06.2024	Gute Lage, Renovierung nötig

Notiere: Verkehrswert, Terminanzahl, Terminverlauf, Auffälligkeiten im Gutachten, eigene Einschätzung.

Zwangsversteigerungen belohnen Geduld - nicht Aktionismus. Wer 10 Objekte beobachtet und bei 2 bietet, ist erfolgreicher als wer blind bei 10 bietet.

5.7 Vorbereitung auf den zweiten Termin - Filter verschärfen

Objekte, die im ersten Termin keinen Zuschlag erhalten, sind oft ideal für den zweiten Termin. Aber nicht alle. Hier ist dein Filter:

- **Warum ist der Zuschlag gescheitert?**

  Zu niedriges Gebot? Versagung durch Gläubiger? Kein Bieter? Die Gründe verraten viel über Marktinteresse und Preisakzeptanz.

- **Wie viele Bieter waren da?**

  1–2 Bieter = geringes Interesse, gute Chance im zweiten Termin. 5+ Bieter = hohes Interesse, Vorsicht.

- **Strukturelle Nachteile vorhanden?**

  Lage an Hauptstraße? Renovierungsstau? Belastungen im Grundbuch? Solche Faktoren halten andere ab – für dich Chance, wenn du kalkulierst.

- **Ist das Gutachten realistisch?**

  Oft sind Verkehrswerte zu hoch angesetzt (konservative Schätzung oder keine Innenbesichtigung). Das schreckt Bieter ab – gut für dich.

5.8 Praxistipp: Mehrere Gerichte parallel beobachten

Erweitere deine Suche auf mehrere Amtsgerichte in benachbarten Regionen. Warum?

1. **Mehr Auswahl:** Statt 2-3 Objekte pro Monat hast du 10-15 zur Beobachtung
2. **Marktvergleich:** Du siehst, wo Zuschläge häufig scheitern - das sind deine Zielmärkte
3. **Zeitliche Flexibilität:** Nicht alle Termine fallen auf denselben Tag
4. **Lerneffekt:** Du entwickelst ein Gespür für regionale Preisdynamiken

Beispiel: Beobachte Amtsgerichte in einem Radius von 50-100 km. Das sind oft 3-5 Gerichte mit je 5-10 Terminen pro Monat. Genug Auswahl, um selektiv zu bleiben.

5.9 Fazit Kapitel 5: Recherche ist Arbeit - aber sie zahlt sich aus

„zvg.com ist kein Marktplatz, kein Schnäppchenportal, kein Ersatz für Denken. Es ist eine Datenquelle, ein Filterwerkzeug, die Basis für rationale Entscheidungen."

100%

Transparenz

Alle Termine sind öffentlich – keine Geheiminfos nötig

0€

Kosten

Recherche auf zvg.com ist komplett kostenlos

3–5

Shortlist

So viele Objekte solltest du parallel beobachten

Wer systematisch sucht, findet nicht „mehr" Objekte - sondern die richtigen. Qualität vor Quantität. Vorbereitung vor Aktion. Rechnen vor Bieten.

Im nächsten Kapitel geht es um den zentralen Wert jeder Rechnung: den Verkehrswert - warum du ihm vertrauen solltest, ihn aber niemals ungeprüft übernehmen darfst.

Kapitel 6: Verkehrswert verstehen - und kritisch hinterfragen

Der Verkehrswert ist die wichtigste Zahl im gesamten Zwangsversteigerungsverfahren. Und gleichzeitig die am häufigsten falsch verstandene.

Viele Einsteiger behandeln ihn wie eine feste Wahrheit. Andere ignorieren ihn komplett. Beides ist falsch.

Dieses Kapitel zeigt, wie der Verkehrswert entsteht, was er leisten kann - und wo seine Grenzen liegen. Denn wer den Verkehrswert nicht versteht, kann keine fundierte Kaufentscheidung treffen - und das wäre in etwa so, als würde man Auto fahren, ohne zu wissen, wo das Gaspedal ist.

6.1 Was der Verkehrswert wirklich ist

Der Verkehrswert (§ 194 BauGB) ist keine magische Zahl, die ein Sachverständiger aus dem Hut zaubert. Er ist eine gutachterliche Schätzung zu einem bestimmten Stichtag unter standardisierten Annahmen.

Wichtig zu verstehen:

- Er ist kein Mindestpreis
- Er ist kein Zielpreis
- Er ist keine Garantie
- Er ist eine Rechengrundlage

Er soll eine zentrale Frage beantworten: Welchen Wert hätte die Immobilie bei einem normalen Verkauf am Markt?

Das Entscheidende: Der Verkehrswert ist eine Rechengrundlage - keine Wahrheit. Er basiert auf Annahmen, Verfahren und Daten, die mal besser, mal schlechter zur Realität passen.

Wer den Verkehrswert als unverrückbare Wahrheit behandelt, macht sich abhängig von einer Zahl, die selbst nur eine Schätzung ist. Wer ihn ignoriert, verzichtet auf die wichtigste Orientierung überhaupt.

6.2 Wie Verkehrswerte entstehen

Ein Gutachter bewertet nicht „nach Gefühl". Er folgt festen Bewertungsverfahren, die gesetzlich normiert sind. Je nach Objektart kommen unterschiedliche Methoden zum Einsatz:

Vergleichswertverfahren

Basiert auf tatsächlichen Verkaufspreisen vergleichbarer Objekte. Wird typischerweise bei Wohnimmobilien angewandt.

Rechtsgrundlage: §§ 15, 16 ImmoWertV

Sachwertverfahren

Berechnet den Wert aus Bodenwert plus Herstellungskosten des Gebäudes, abzüglich Alterswertminderung.

Rechtsgrundlage: §§ 21-23 ImmoWertV

Ertragswertverfahren

Ermittelt den Wert über die erzielbaren Mieterträge. Standard bei vermieteten Mehrfamilienhäusern.

Rechtsgrundlage: §§ 17-20 ImmoWertV

Je nach Objektart wird gerechnet, angepasst und normiert. Aber - und das ist entscheidend: Jeder Verkehrswert ist nur so gut wie die Informationen, auf denen er basiert. Und hier beginnen die Probleme.

6.3 Typische Schwächen von Gutachten

Gutachten sind notwendig - aber nicht unfehlbar. In Zwangsversteigerungsverfahren haben Verkehrswertgutachten häufig systematische Schwachstellen, die den ermittelten Wert verzerren können.

Keine Innenbesichtigung

Der Gutachter hatte oft keinen Zugang zur Immobilie. Der Zustand wird angenommen, Schäden werden geschätzt, Modernisierungen fehlen in der Bewertung.

Das führt zu Sicherheitsabschlägen, pauschalen Annahmen und konservativen Bewertungen.

Veraltete Daten

Zwischen Gutachten-Stichtag und Versteigerungstermin können Monate oder Jahre liegen. Marktveränderungen, Sanierungen nach Stichtag oder Verschlechterungen werden nicht berücksichtigt.

Ein Gutachten bildet Vergangenheit ab – nicht zwangsläufig die Gegenwart.

Pauschale Instandhaltungsabzüge

Statt detaillierter Prüfung werden pauschale Abschläge angesetzt. Diese können den Wert drücken – oder in Einzelfällen zu hoch ansetzen.

Diese Schwächen sind keine Nachlässigkeit der Gutachter. Sie sind systembedingt. Und genau deshalb entstehen Chancen für vorbereitete Käufer, die mehr wissen als das Gutachten.

6.4 Wann ein Verkehrswert realistisch ist

Ein Verkehrswert ist meist gut nutzbar, wenn bestimmte Qualitätskriterien erfüllt sind. Dann ist er ein brauchbarer Referenzpunkt, eine solide Finanzierungsbasis und eine gute Vergleichsgröße.

Qualitätskriterien für belastbare Verkehrswerte:

- Das Gutachten ist relativ aktuell (max. 1-2 Jahre alt)
- Eine Innenbesichtigung hat stattgefunden
- Der Zustand ist plausibel und detailliert beschrieben
- Keine extremen Annahmen wurden getroffen
- Vergleichswerte sind transparent dokumentiert
- Der Gutachter hat Ortskenntnis

In diesen Fällen kannst du den Verkehrswert als belastbare Grundlage für deine eigene Kalkulation nutzen – mit angemessenen Sicherheitspuffern natürlich.

6.5 Wann Verkehrswerte bewusst niedrig angesetzt sind

Es gibt Situationen, in denen Gutachter vorsichtig bewerten - und das ist oft ein Segen für dich als Käufer. Denn ein niedriger Verkehrswert schreckt Konkurrenz ab, senkt das Mindestgebot und schafft größere Spielräume.

Unklarer Zustand

Keine Innenbesichtigung möglich, Zustand unklar – der Gutachter wählt konservative Annahmen.

Fehlender Zugang

Objekt ist besetzt, Eigentümer verweigert Zutritt – massive Sicherheitsabschläge sind die Folge.

Rechtliche Unsicherheiten

Grunddienstbarkeiten, Wegerechte, unklare Nutzung – alles Gründe für vorsichtige Bewertung.

Besondere Nutzung

Gewerbliche Vornutzung, Spezialimmobilie – schwer vergleichbar, daher niedrig angesetzt.

Ein niedriger Verkehrswert ist kein Nachteil - sondern oft ein Signal für versteckte Chancen. Während andere Bieter abgeschreckt werden, siehst du als vorbereiteter Käufer die Möglichkeit, ein solides Objekt deutlich unter Wert zu erwerben.

6.6 Verkehrswert ≠ Marktwert ≠ Kaufpreis

Diese drei Begriffe werden ständig vermischt - dabei sind sie nicht identisch. Wer sie verwechselt, kalkuliert falsch.

01

Verkehrswert

Gutachterliche Schätzung nach § 194 BauGB. Normiert, standardisiert, nachvollziehbar – aber eben: eine Schätzung.

02

Marktwert

Tatsächlich erzielbarer Preis im freien Verkauf. Abhängig von Angebot, Nachfrage, Marktsituation, Verkaufsgeschick.

03

Kaufpreis

Ergebnis einer konkreten Versteigerung. Abhängig von Bieterzahl, Tagesform, Vorbereitung, Konkurrenz.

In Zwangsversteigerungen kann gelten:

Kaufpreis

≤

Verkehrs-
wert

≤

Marktwert

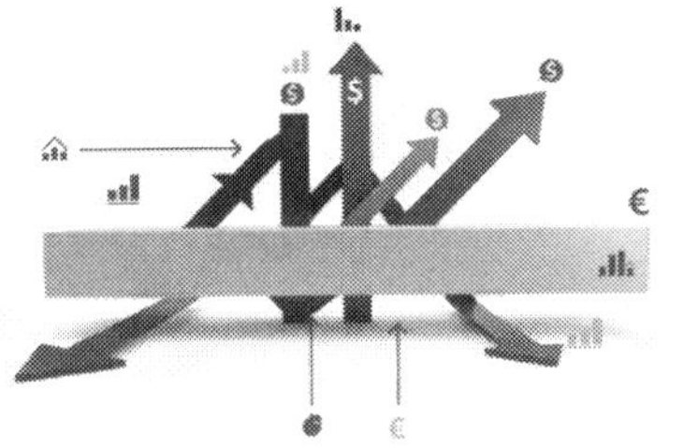

Und genau diese Differenz ist der Renditehebel, den du nutzt.

6.7 Der Verkehrswert als Finanzierungsanker

Banken arbeiten nicht mit Wunschpreisen, nicht mit Emotionen, sondern mit Sicherheiten. Der Verkehrswert ist die zentrale Bezugsgröße für jede Finanzierungsentscheidung.

Grundlage für Beleihungen

Die Bank berechnet den Beleihungswert typischerweise mit 80-90% des Verkehrswerts und finanziert davon wiederum 60-80%.

Referenz für Risikoabschätzung

Je größer die Differenz zwischen Verkehrswert und Darlehenssumme, desto geringer das Risiko für die Bank – und desto besser deine Konditionen.

Basis für Kreditentscheidungen

Ein niedriger Kaufpreis bei stabilem Verkehrswert verbessert die Finanzierung dramatisch und reduziert den Eigenkapitalbedarf.

Praxisbeispiel Finanzierung:

Verkehrswert: 100.000 € → Beleihungswert: 80.000 € → Finanzierung bei 70%: 56.000 €

Kaufpreis in Versteigerung: 35.000 €

Ergebnis: 21.000 € Spielraum für Sanierung – ohne zusätzliches Eigenkapital!

Ein niedriger Kaufpreis bei stabilem Verkehrswert verbessert die Finanzierung, reduziert den Eigenkapitalbedarf und schafft Sanierungsspielraum. Darauf baut das nächste Kapitel auf.

6.8 Checkliste: Verkehrswert kritisch prüfen

Bevor du dich auf einen Verkehrswert verlässt, solltest du diese Punkte systematisch prüfen:

Aktualität des Gutachtens prüfen

Wie alt ist das Gutachten? Wurden zwischenzeitliche Marktveränderungen berücksichtigt?

Besichtigungstiefe analysieren

Fand eine Innenbesichtigung statt? Wie detailliert ist die Zustandsbeschreibung?

Angewandtes Verfahren verstehen

Welches Bewertungsverfahren wurde genutzt? Ist es für diese Objektart sinnvoll?

Vergleichswerte hinterfragen

Sind die herangezogenen Vergleichsobjekte wirklich vergleichbar?

Pauschale Abschläge identifizieren

Wurden pauschale Instandhaltungsabschläge angesetzt? Sind diese realistisch?

Eigene Marktkenntnis einbeziehen

Entspricht der Wert deiner eigenen Marktbeobachtung? Was sagen aktuelle Inserate?

Der Verkehrswert ist:

- Kein Orakel
- Kein Verkaufsargument
- Kein Versprechen

Er ist:

- Eine Zahl
- Ein Werkzeug
- Der Startpunkt jeder sauberen Rechnung

Wer den Verkehrswert blind glaubt, zahlt oft zu viel. Wer ihn ignoriert, verzichtet auf Sicherheit. Die richtige Haltung liegt dazwischen: kritisch prüfen, realistisch einordnen, strategisch nutzen. Im nächsten Kapitel wird aus Theorie Praxis: ein konkretes Hebel-Beispiel, das zeigt, wie aus Zahlen echte Chancen entstehen- ohne Schönrechnen, ohne Versprechen.

Kapitel 7: Das Hebel-Beispiel – wie Rendite wirklich entsteht

Bis hierher ging es um Regeln, Werte und Vorbereitung. Jetzt geht es um die entscheidende Frage: Wie sieht das in der Praxis aus?

Dieses Kapitel zeigt ein konkretes Rechenbeispiel - ohne Schönrechnen, ohne Versprechen. Nicht als Garantie, sondern als Modell, das erklärt, wann und warum Zwangsversteigerungen funktionieren können.

Und keine Sorge: Wir werden hier nicht mit Traumrenditen jonglieren oder unrealistische Szenarien konstruieren. Wir rechnen so, wie es sein sollte - ehrlich und nachvollziehbar.

7.1 Ausgangslage: eine unspektakuläre Immobilie

Kein Top-Objekt. Keine Metropole. Keine Designerfassade.

Die Eckdaten:

- Lage: Klein- oder Mittelstadt (20.000-80.000 Einwohner)
- Objekt: Einfaches Wohnhaus, Baujahr 1960er-1980er
- Zustand: Sanierungsbedürftig, aber solide Bausubstanz
- Besonderheit: Keine Innenbesichtigung möglich gewesen

Der entscheidende Punkt: Der Wert ist real - der Kaufpreis nicht zwangsläufig.

Solche Objekte sind das Rückgrat des deutschen Immobilienmarktes. Keine Glamour-Investments, sondern solide Substanz mit Potenzial - wenn man weiß, wie man sie richtig kalkuliert.

7.2 Die Eckdaten: ein realistisches Szenario

100.00...	30.00...	70%
Verkehrswert (V)	**Zuschlagspreis (K)**	**Abschlag**
Ermittelt durch gerichtlich bestellten Gutachter nach § 194 BauGB	Erzielt im zweiten Versteigerungstermin nach § 85a ZVG	Differenz zwischen Verkehrswert und tatsächlichem Kaufpreis

Diese Konstellation ist nicht alltäglich - aber auch kein Einzelfall. Sie ist vor allem im zweiten Termin realistisch, wenn die Rahmenbedingungen stimmen.

Realitätscheck:

Ist ein Abschlag von 70% realistisch? Ja, aber nicht überall und nicht immer. In begehrten Großstädten eher selten. In Klein- und Mittelstädten im zweiten Termin bei unklarem Zustand: durchaus möglich.

Wichtig ist: Dieses Beispiel zeigt das Potenzial - nicht die Regel. Deine Aufgabe ist, solche Konstellationen zu erkennen, wenn sie auftreten.

➔

7.3 Warum ein Preis von 30.000 € möglich ist

Der niedrige Zuschlag entsteht nicht durch Glück, sondern durch mehrere Faktoren, die zusammenwirken:

1 Wegfall der 7/10-Regel

Im zweiten Termin gemäß § 85a ZVG entfällt die Mindestgebotsgrenze. Es reicht ein Gebot, das die Verfahrenskosten deckt.

2 Geringe Bieterzahl

Viele Interessenten schreckt der zweite Termin ab – aus Unwissenheit oder Vorsicht.

3 Unsicherheit

Unvorbereitete Bieter ziehen sich zurück, wenn keine Innenbesichtigung möglich war.

4 Sanierungsbedarf

Offensichtliche Mängel schrecken ab – während vorbereitete Käufer sie einpreisen können.

5 Lage

Außerhalb von Metropolen ist die Nachfrage geringer – und damit auch der Bieterwettbewerb.

Der Marktwert der Immobilie bleibt unabhängig vom Zuschlagspreis bestehen. Die Bank bewertet das Objekt nach seinem tatsächlichen Wert - nicht nach dem Preis, den du gezahlt hast.

7.4 Die Finanzierung auf Basis des Verkehrswerts

Jetzt wird es interessant: Banken finanzieren nicht den Kaufpreis – sie finanzieren die Sicherheit. Und diese Sicherheit bemisst sich am Verkehrswert.

Typische Beleihungskalkulation:

Verkehrswert

V = 100.000 €

Beleihungswert

80% von V = 80.000 €

Finanzierung

60% von V = 60.000 €
(konservativ gerechnet)

Rechnung im Detail:

```
Verkehrswert (V)          = 100.000 €
Beleihungsgrenze (60%)    =  60.000 €
Bank stellt bereit        =  60.000 €
```

Wichtig:

Diese 60.000 € sind nicht der Kaufpreis, sondern das, was die Bank basierend auf dem Verkehrswert als Sicherheit akzeptiert.

Die Bank stellt also 60.000 € zur Verfügung - unabhängig davon, dass du nur 30.000 € zahlen musst.

7.5 Aufteilung der Finanzierung: der magische Moment

Hier entsteht der entscheidende Hebel. Die Bank gibt dir 60.000 € - aber du brauchst nur 30.000 € für den Kauf. Was passiert mit dem Rest?

Kaufpreis

K = 30.000 €

Dieser Betrag geht direkt an das Gericht und wird für den Zuschlag verwendet.

Verbleibender Betrag

S = B − K = 60.000 € − 30.000 € = 30.000 €

Dieser Betrag steht zur Verfügung für Sanierung, Modernisierung und Instandsetzung.

Dieses Budget von 30.000 € steht zur Verfügung für:

- Sanierung der Bausubstanz
- Modernisierung von Bad und Küche
- Instandsetzung von Elektrik und Heizung
- Beseitigung erkannter Mängel

Und das Beste: <u>Ohne zusätzliches Eigenkapital</u>.

Das ist der Kern des Modells: Du kaufst für 30.000 €, hast aber 60.000 € zur Verfügung. Die Differenz ermöglicht dir, das Objekt in einen vermietbaren Zustand zu bringen - finanziert durch die Bank, gesichert durch den Verkehrswert.

7.6 Welche Kosten realistisch zusätzlich anfallen

Jetzt kommt der Teil, den viele Einsteiger vergessen - und der über Erfolg oder Misserfolg entscheidet. Ein häufiger Fehler ist, nur Kaufpreis und Sanierung zu betrachten.

Zusätzliche Kosten im Überblick:

Kostenposition	Orientierungswert	Gesetzliche Grundlage
Grunderwerbsteuer	3,5–6,5% je Bundesland	§ 1 GrEStG
Gerichtskosten	ca. 0,5% Verkehrswert	§ 109 ZVG
Grundbuchkosten	ca. 0,5% Kaufpreis	§ 34 GNotKG
Evtl. Räumungskosten	1.000–5.000 €	§ 93 ZVG
Sicherheitsreserve	10% Sanierungskosten	—

Beispielrechnung Nebenkosten:

```
Kaufpreis                  = 30.000 €
Grunderwerbsteuer (5%)     =  1.500 €
Gerichtskosten             =    500 €
Grundbuchkosten            =    300 €
Reserve                    =  2.000 €
--------------------------------------
Gesamtnebenkosten          =  4.300 €
```

Diese Kosten müssen entweder aus Eigenmitteln oder aus zusätzlichem Puffer gedeckt werden. Das Modell funktioniert nur, wenn ehrlich gerechnet wird - nicht optimistisch.

7.7 Warum hier die Rendite entsteht

Jetzt zur alles entscheidenden Frage: Wo genau entsteht hier die Rendite? Und warum ist dieses Modell so viel sicherer als klassische Immobilieninvestments?

Die Rendite entsteht NICHT durch:

- Steigende Mieten (nett, aber nicht planbar)
- Wertsteigerung (Bonus, keine Grundlage)
- Hoffnung (gefährlich)
- Spekulation (Glücksspiel)

Die Rendite entsteht durch:

- Die Differenz V – K
- Niedrigen Einkaufspreis
- Solide Kalkulation
- Strukturelle Vorteile

1 **Sicherheitsmarge**
70.000 €

2 **Sanierungsspielraum**
Finanziert ohne Eigenkapital

3 **Reduziertes Risiko**
Fehler werden abgefedert

4 **Verbesserte Finanzierung**
Niedrige Beleihungsquote

5 **Cashflow-Potenzial**
Niedriger Kapitaldienst

Diese Marge von 70.000 € federt Fehler ab, erlaubt Sanierung, verbessert die Finanzierung und reduziert das Risiko dramatisch. Das ist der Unterschied zwischen Investieren und Spekulieren.

7.8 Detaillierte Beispielrechnung: so rechnet man sauber

Theorie ist schön - aber schauen wir uns an, wie die Rechnung komplett aussieht, wenn man nichts vergisst und ehrlich kalkuliert.

Gesamtkalkulation:

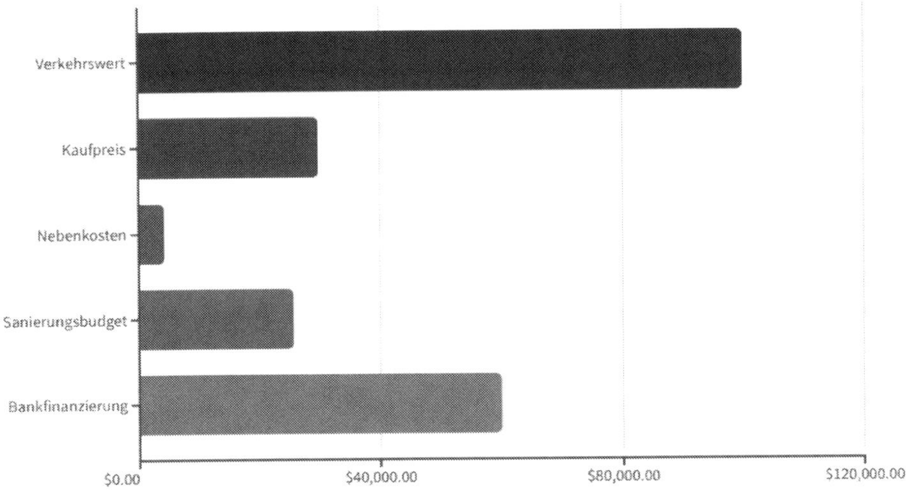

Schritt-für-Schritt-Rechnung:

```
Ausgangswerte:
Verkehrswert (V)            = 100.000 €
Kaufpreis (K)              =  30.000 €
Differenz                 =  70.000 €

Finanzierung:
Beleihung 60% von V         =  60.000 €

Verwendung:
Kaufpreis                  =  30.000 €
Grunderwerbsteuer (5%)         =  1.500
€
Gerichts- & Notarkosten       =    800 €
Sicherheitsreserve          =  2.000 €
```

Was bedeutet das konkret?

Mit 25.700 € Sanierungsbudget kannst du realistisch umsetzen:

- Komplette Badsanierung: 8.000 €
- Neue Elektrik: 5.000 €
- Malerarbeiten komplett: 3.000 €
- Bodenbeläge erneuern: 4.000 €
- Kleinreparaturen: 2.700 €
- Reserve: 3.000 €

Das reicht für eine solide Grundsanierung – vor allem, wenn du selbst Hand anlegst.

7.9 Risiken - realistisch benannt

Wer ehrlich über Chancen spricht, muss auch ehrlich über Risiken sprechen. Dieses Modell ist kein Selbstläufer. Es funktioniert - aber nicht automatisch und nicht für jeden.

1

Höherer Sanierungsaufwand

Du kalkulierst 25.000 € Sanierung, tatsächlich werden es 35.000 €. Versteckte Mängel, Schimmel, Statikprobleme – alles möglich.

Gegenmittel: Konservativ kalkulieren, Reserve einplanen, vor Zuschlag so viel wie möglich prüfen.

2

Längere Leerstände

Du planst 3 Monate Sanierung + 1 Monat Vermietung. Tatsächlich dauert es 8 Monate. Jeden Monat kostet dich das Zins und Tilgung ohne Mieteinnahmen.

Gegenmittel: Realistische Zeitplanung, Cashflow-Puffer, zügiges Arbeiten.

3

Fehleinschätzung des Zustands

Ohne Innenbesichtigung kann man sich täuschen – massiv. Was von außen solid aussieht, kann innen eine Katastrophe sein.

Gegenmittel: Sicherheitsabschläge, vorsichtige Bewertung, im Zweifel: nicht bieten.

4

Finanzierung nicht wie geplant

Die Bank finanziert nur 50.000 € statt 60.000 €. Plötzlich fehlen 10.000 € – die du aus eigener Tasche beisteuern musst.

Gegenmittel: Vorabklärung mit Bank, verbindliche Finanzierungszusage, Plan B haben.

Deshalb die wichtigste Erkenntnis: Dieses Modell funktioniert nicht für jeden Käufer - sondern für vorbereitete Investoren.

7.10 Für wen dieses Modell funktioniert - und für wen nicht

👍 Das Modell funktioniert für dich, wenn:

- Du bereit bist, selbst Hand anzulegen
- Du Zahlen nüchtern kalkulieren kannst
- Du Geduld hast und strategisch denkst
- Du mit Unsicherheit umgehen kannst
- Du lernbereit bist und Fehler einkalkulierst
- Du außerhalb von Metropolen suchst

👎 Das Modell funktioniert NICHT, wenn:

- Du nach schnellem Geld suchst
- Du keine Zeit für Sanierung hast
- Du emotional kaufst statt rational
- Du alles perfekt haben willst
- Du keine Rücklagen hast
- Du nur in Top-Lagen investieren willst

Dieses Modell ist kein Wundermittel. Es ist ein Werkzeug - und wie bei jedem Werkzeug entscheidet der Nutzer über das Ergebnis.

7.11 Fazit dieses Kapitels

Dieses Beispiel zeigt, warum Zwangsversteigerungen funktionieren können - wenn man versteht, wie die Mechanik dahinter aussieht.

Zwangsversteigerungen sind kein Glücksspiel – sie sind ein Rechenmodell.

Im nächsten Kapitel geht es darum, wie du Banken für genau dieses Modell gewinnst – und warum Angst vor Finanzierung oft unbegründet ist.

Kapitel 8: Finanzierung intelligent nutzen 3 statt Angst zu haben

Für viele Einsteiger ist nicht die Immobilie das größte Problem, sondern die Finanzierung. Banken gelten als Hürde. Kredite als Risiko. Schulden als etwas Gefährliches.

Dieses Kapitel zeigt, warum diese Sichtweise falsch ist 3 und wie Finanzierung bei Zwangsversteigerungen strategisch genutzt wird. Denn richtig verstanden ist Finanzierung kein Feind, sondern dein wichtigster Verbündeter.

8.1 Warum Banken keine Gegner sind

Banken haben kein Interesse daran, dass du scheiterst. Sie haben ein Interesse daran, dass ihr Geld abgesichert ist - das ist ein fundamentaler Unterschied.

Entscheidend für eine Bank sind:

- Der Beleihungswert (nicht dein Kaufpreis)
- Der Zustand der Immobilie (Substanz, nicht Optik)
- Die Kapitaldienstfähigkeit (kannst du Rate +Tilgung zahlen?)
- Der Sicherheitsabstand (wie groß ist der Puffer?)

Die Bankperspektive verstehen:

Eine Bank verdient an deinem Erfolg – nicht an deinem Scheitern. Jeder Kreditausfall kostet die Bank massiv Geld, Zeit und Aufwand. Deshalb prüft sie dein Vorhaben kritisch. Aber wenn die Zahlen stimmen, ist die Bank dein Partner – nicht dein Gegner.

Emotionen spielen keine Rolle. Zahlen schon. Und genau das ist dein Vorteil: Wenn du die Zahlen verstehst, kannst du die Bank überzeugen.

8.2 Banken finanzieren Werte – nicht Kaufpreise

Ein zentraler Denkfehler vieler Einsteiger: „Die Bank finanziert nur, was ich bezahle." In der Praxis stimmt das nicht. Und das ist die entscheidende Erkenntnis für Zwangsversteigerungen.

Du denkst:

Kaufpreis 30.000 € → Bank finanziert 30.000 €

Dein Vorteil:

30.000 € für Sanierung ohne Eigenkapital

Die Realität:

Verkehrswert 100.000 € → Bank finanziert 60.000 €

Banken orientieren sich an:

- Verkehrswerten (§ 194 BauGB)
- Beleihungswerten (intern festgelegt)
- Nachhaltigen Sicherheiten

Wenn der Verkehrswert (V) stabil ist und der Kaufpreis (K) deutlich darunter liegt, verbessert sich die Risikostruktur massiv - für dich und die Bank.

8.3 Das 60-%-Beleihungsmodell im Detail

Ein gängiger und konservativer Ansatz für Zwangsversteigerungen ist die 60-%-Beleihung. Schauen wir uns an, wie das funktioniert:

Schritt 1: Verkehrswert

V = 100.000 €

Gutachterlich ermittelter Wert der Immobilie

Schritt 2: Beleihungsgrenze

B = 0,6 · V = 60.000 €

60% des Verkehrswerts werden als Finanzierung bereitgestellt

Schritt 3: Verwendung

Kaufpreis: 30.000 € + Sanierung: 30.000 €

Diese 60.000 € decken Kauf UND Sanierung

Was bedeutet das für die Bank?

Position	Betrag	Interpretation
Verkehrswert	100.000 €	Sicherheit für die Bank
Finanzierung	60.000 €	40.000 € Sicherheitspuffer (40%!)
Beleihungsauslauf	60%	Sehr niedriges Risiko

Für Banken bedeutet das: geringe Ausfallwahrscheinlichkeit, stabile Sicherheit, kalkulierbares Risiko.

Für dich bedeutet das: gute Konditionen, niedrige Zinsen, hohe Finanzierungsbereitschaft.

8.4 Wie du vorbereitet zur Bank gehst

Nicht der Banktermin entscheidet - sondern die Vorbereitung davor. Eine Bank trifft ihre Entscheidung nicht nach Sympathie, sondern nach Unterlagen.

Checkliste: Diese Unterlagen solltest du vorlegen können:

- Verkehrswertgutachten
  Das offizielle Gutachten aus dem Versteigerungsverfahren - deine wichtigste Waffe
- Klare Kostenaufstellung
  Kaufpreis, Nebenkosten, Sanierungskosten - alles sauber aufgeschlüsselt
- Sanierungsplan (realistisch)
  Was wird gemacht? In welcher Reihenfolge? Mit welchen Kosten? Eigenleistung vs. Fremdvergabe?
- Mietpotenzial nach Sanierung
  Welche Miete ist realistisch erzielbar? Vergleichsmieten aus der Region vorlegen
- Eigenkapitalübersicht
  Auch wenn gering: transparent darlegen, was vorhanden ist
- Einkommensnachweise
  Die letzten drei Gehaltsnachweise oder Steuerbescheide
- Selbstauskunft ausgefüllt
  Ehrlich, vollständig, unterschrieben

> **Profi-Tipp:**
>
> Bereite eine kurze Präsentation vor (3-5 Seiten): Objekt, Kalkulation, deine Strategie, Timeline. Banken schätzen strukturierte Darstellung – es zeigt, dass du weißt, was du tust.

Je besser du vorbereitet bist, desto weniger Fragen stellt die Bank - und desto schneller bekommst du eine Zusage.

8.5 Was Banken bei Zwangsversteigerungen kritisch sehen

Banken mögen keine Unsicherheiten, offenen Risiken oder ungeklärten Nutzungsverhältnisse. Das ist legitim - und planbar.

1

Bestehende Mietverhältnisse

Problem: Ist das Objekt vermietet? Zu welcher Miete? Kündbar? Mietvertrag übernehmen gemäß § 566 BGB?

Lösung: Mietverhältnisse vor Zuschlag klären, Kündigungsfristen prüfen

2

Räumungsfragen

Problem: Wohnt noch jemand im Objekt? Räumungsklage notwendig (§ 885 ZPO)?

Lösung: Räumungskosten einkalkulieren, Timeline realistisch planen

3

Unklare Sanierungskosten

Problem: Wie teuer wird die Sanierung wirklich? Keine Innenbesichtigung möglich?

Lösung: Konservativ kalkulieren, Puffer einplanen, Worst-Case-Szenario durchrechnen

4

Fehlende Rücklagen

Problem: Was passiert bei unerwarteten Kosten?

Lösung: Eigenkapitalpuffer nachweisen oder über Konditionen sprechen

Diese Punkte sind keine Ausschlusskriterien, sondern Themen, die sauber beantwortet werden müssen. Wer vorbereitet ist, kann sie entkräften.

8.6 Warum Eigenkapital nicht alles ist

Eigenkapital ist hilfreich - aber nicht entscheidend. Das ist vielleicht die wichtigste Erkenntnis dieses Kapitels.

Weniger wichtig als oft gedacht:

- Hoher Eigenkapitaleinsatz bei schlechtem Kaufpreis
- Viel Eigenkapital bei niedriger Rendite
- Eigenkapital als Statussymbol

Wirklich entscheidend:

- Sicherheitsmarge (V - K)
- Tragfähiger Cashflow
- Realistische Kalkulation

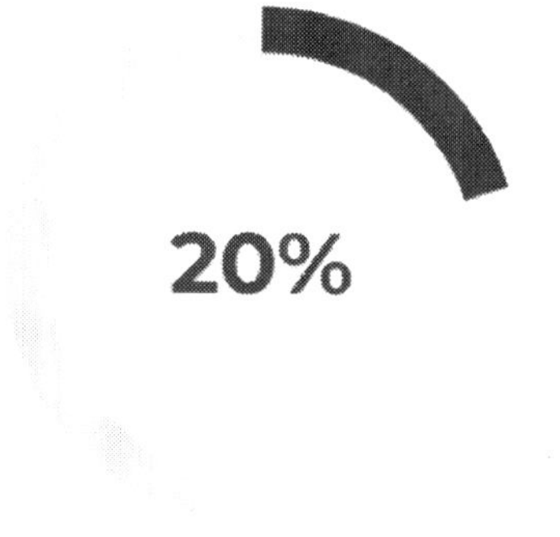

Eigenkapital

Schlechter Kaufpreis, niedrige Rendite

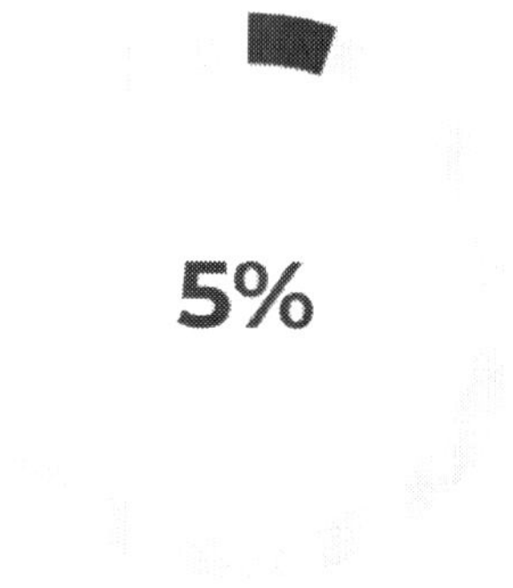

Eigenkapital

Guter Kaufpreis, hohe Rendite

Ein hoher Eigenkapitaleinsatz bei schlechtem Kaufpreis und niedriger Rendite ist riskanter als ein geringer Eigenkapitaleinsatz mit großer Wert-Kaufpreis-Differenz.

8.7 Der häufigste Fehler bei der Finanzierung

Der größte Fehler:

Zu früh zu teuer kaufen

Wer im ersten Termin zuschlägt, sich emotional treiben lässt und keine Sicherheitsmarge hat, macht sich abhängig von:

- Steigenden Mieten (Spekulation)
- Perfekter Sanierung (Wunschdenken)
- Stabilen Zinsen (Glück)

Realbeispiel:

Käufer A kauft im ersten Termin für 75.000 € (Verkehrswert 100.000 €). Finanzierung: 75.000 €. Sanierungsbedarf: 20.000 €. Er muss 20.000 € Eigenkapital nachschießen.

Käufer B wartet auf den zweiten Termin und kauft für 30.000 €. Finanzierung: 60.000 €. Sanierungsbudget: 30.000 €. Ohne Eigenkapital.

Wer hat besser gekauft?

Das ist kein Investieren - das ist Hoffen. Und Hoffen ist keine Strategie.

8.8 Finanzierungsstrategien für Einsteiger

Es gibt verschiedene Wege, die Finanzierung zu strukturieren. Je nach Situation und Risikobereitschaft kannst du unterschiedliche Modelle nutzen:

Klassische Bankfinanzierung	KfW-Förderung	Regionale Sparkassen
Standard-Hypothekendarlehen mit 10-20 Jahren Zinsbindung. Sicher, planbar, solide.	Staatliche Förderprogramme für energetische Sanierung (KfW 261, 262).	Ortsansässige Institute mit Marktkenntnis.
Vorteil: Niedrige Zinsen, lange Laufzeit	**Vorteil:** Günstige Zinsen, Tilgungszuschüsse	**Vorteil:** Pragmatisch, kennt die Region
Nachteil: Strenge Prüfung, langsamer Prozess	**Nachteil:** Auflagen, Dokumentation, Sachverständige	**Nachteil:** Manchmal konservativ, höhere Zinsen

Oft macht eine Kombination Sinn: Hauptfinanzierung über klassische Bank, KfW-Förderung für energetische Maßnahmen.

8.9 Checkliste: Vorbereitung Bankgespräch

Damit du nichts vergisst 3 die komplette Checkliste für dein erstes Bankgespräch:

1. Verkehrswertgutachten kopieren und mitnehmen
   Das ist deine wichtigste Verhandlungsgrundlage
2. Kaufpreis und Nebenkosten detailliert aufschlüsseln
   Grunderwerbsteuer, Gerichtskosten, Notar - alles transparent
3. Sanierungsplan erstellen mit realistischen Kosten
   Gewerk für Gewerk, mit Angeboten wenn möglich
4. Mietspiegel der Region recherchieren
   Welche Miete ist nach Sanierung realistisch erzielbar?
5. Eigenkapital transparent darstellen
   Auch wenn wenig: ehrlich kommunizieren
6. Einkommensnachweise vorbereiten
   Letzte drei Gehaltsnachweise oder Steuerbescheide
7. Fragen vorbereiten
   Zinssatz? Tilgung? Sondertilgungen? Bereitstellungszinsen?

8.10 Fazit dieses Kapitels

Finanzierung ist:

- Kein notwendiges Übel
- Kein Risiko per se
- Kein Feind

Sie ist:

- Ein Werkzeug
- Ein Hebel
- Ein Sicherheitsinstrument

Wer Finanzierung versteht, nutzt sie nicht aus Angst - sondern aus Strategie. Die Bank ist nicht dein Gegner, sondern dein Partner - wenn du die Sprache der Zahlen sprichst.

Im nächsten Kapitel geht es darum, wie du mit eigenem Können und realistischem Einsatz die Rendite weiter erhöhst - statt sie an Handwerkerpreise zu verlieren.

Kapitel 9: Handwerkliches Geschick als Renditebooster

Rendite entsteht nicht nur beim Kauf. Sie entsteht auch durch das, was du nicht bezahlen musst.

Gerade bei Zwangsversteigerungen in Klein- und Mittelstädten ist handwerkliches Können kein Nice-tohave, sondern ein entscheidender Hebel. Wer selbst Hand anlegt, spart nicht nur Geld - sondern gewinnt Kontrolle, Tempo und Marktkenntnis.

Dieses Kapitel zeigt, warum Eigenleistung so wirkungsvoll ist - und wo ihre Grenzen liegen.

9.1 Warum Eigenleistung so stark wirkt

In vielen Sanierungen gilt eine simple Faustregel: Material ist kalkulierbar - Arbeit ist teuer.

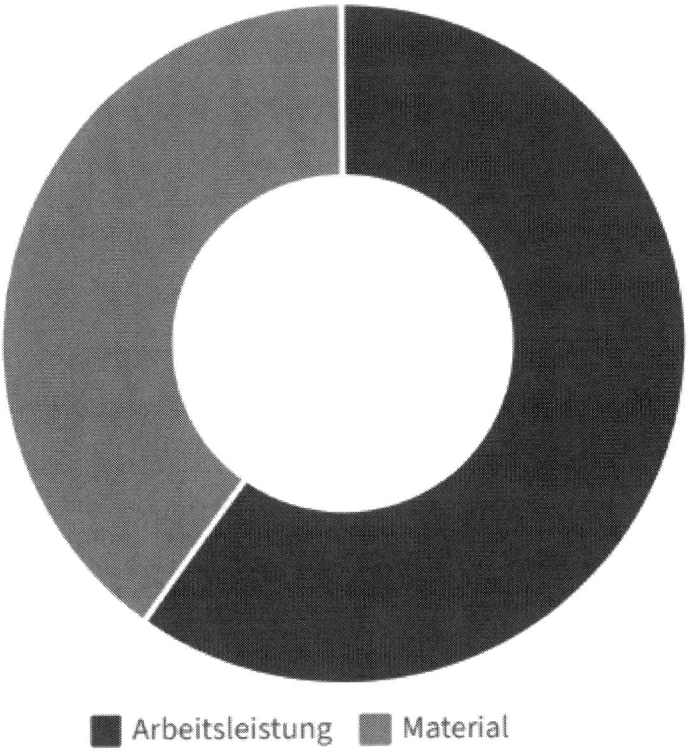

Handwerkerkosten bestehen oft zu 50-70 % aus Arbeitsleistung und nur zu 30-50 % aus Material. Das bedeutet: Wer selbst arbeitet, spart den teuersten Teil.

Lohnkosten sparen

Kein Stundensatz, keine Mehrwertsteuer auf Arbeit

Zuschläge vermeiden

Kein Aufschlag für Material, keine Anfahrtskosten

Koordination sparen

Keine Wartezeiten, keine Terminabstimmung

Und das erhöht: die Sicherheitsmarge, den Eigenkapitalersatz, die Gesamtrendite.

9.2 Was sich sinnvoll selbst machen lässt

Nicht jede Arbeit gehört in Eigenleistung. Aber vieles sehr wohl - vor allem Arbeiten, die zeitaufwendig, aber technisch unkompliziert sind.

Abriss- und Rückbauarbeiten

Alte Böden entfernen, Tapeten abreißen, Wände freilegen. Körperlich anstrengend, aber technisch simpel. Spart oft 2.000-5.000 €.

Maler- und Tapezierarbeiten

Wände streichen, spachteln, tapezieren. YouTube ist voll mit Anleitungen. Ersparnis: 3.000-8.000 € je nach Objektgröße.

Bodenbeläge (Laminat, Vinyl)

Moderne Klicksysteme sind selbsterklärend. Professionelles Werkzeug leihen. Ersparnis: 2.000-4.000 €.

Trockenbau

Wände einziehen, Rigips verschrauben, verspachteln. Etwas Übung nötig, aber lernbar. Ersparnis: 1.500-3.000 €.

Einfache Sanitärarbeiten

Armaturen tauschen, WC montieren, Waschbecken anschließen. Hauptleitungen besser vom Profi. Ersparnis: 500-1.500 €.

Außenanlagen

Rasen säen, Pflaster verlegen, Zäune setzen. Zeitaufwendig, aber keine Raketenwissenschaft. Ersparnis: 1.000-3.000 €.

Diese Arbeiten erfordern keine Meisterpflicht, sind erlernbar und haben hohes Einsparpotenzial - teilweise 30-50% der Gesamtkosten.

9.3 Was besser vergeben wird

Es gibt Bereiche, bei denen Eigenleistung keine gute Idee ist - entweder weil sie gefährlich, rechtlich problematisch oder einfach zu komplex sind.

Elektrik (Hauptanschlüsse)

Warum Profi: Lebensgefahr, Versicherungsschutz, Abnahme nötig

Rechtsgrundlage: § 13 Niederspannungsanschlussverordnung – nur eingetragene Fachbetriebe

Gas- und Heizungsanlagen

Warum Profi: Explosionsgefahr, CO-Vergiftung, Garantieansprüche

Rechtsgrundlage: § 12 GasGVV, DVGW-Arbeitsblätter

Statikrelevante Arbeiten

Warum Profi: Einsturzgefahr, Baugenehmigung, Haftung

Rechtsgrundlage: Landesbauordnungen – Statiker erforderlich

Abdichtungen (Dach/Keller)

Warum Profi: Feuchteschäden, Folgekosten, Gewährleistung

Rechtsgrundlage: DIN 18195 (Bauwerksabdichtungen)

Hier gilt: Fehler kosten mehr als sie sparen.

Die Kosten-Nutzen-Frage:

Professionelle Arbeiten reduzieren Haftungsrisiken, sichern Förderfähigkeit (z.B. KfW) und erhöhen den langfristigen Wert. Ein fehlerhafter Elektroanschluss kann dich Jahre später teuer zu stehen kommen – oder im Extremfall gefährlich werden.

9.4 Kostenvergleich: Eigenleistung vs. Fremdvergabe

Schauen wir uns ein konkretes Beispiel an, um die Dimension der Ersparnis zu verdeutlichen:

Beispiel: Malerarbeiten für ein 80m² Wohnhaus

Fremdvergabe:

Position	Kosten
Arbeitslohn	5.500 €
Material	2.500 €
MwSt. (19%)	1.520 €
Gesamt	**8.000 €**

Eigenleistung:

Position	Kosten
Arbeitslohn	0 €
Material	2.500 €
MwSt. (19%)	475 €
Gesamt	**2.975 €**

5.025 €

Ersparnis

Durch Eigenleistung bei einem Gewerk

63%

Kostensenkung

Prozentuale Ersparnis gegenüber Fremdvergabe

Diese Ersparnis erhöht den Sanierungsspielraum, reduziert den Finanzierungsbedarf und verbessert den Cashflow. Multipliziert über mehrere Gewerke ergibt sich schnell ein fünfstelliger Betrag - und das kann den Unterschied zwischen „knapp gerechnet" und „solide Rendite" ausmachen.

9.5 Zeitaufwand realistisch einschätzen

Eigenleistung ist kein „kostenloser Bonus". Sie kostet Zeit, Energie und Organisation. Die Rechnung funktioniert nur, wenn du ehrlich mit dir selbst bist.

Wichtige Fragen vor Beginn:

→ **Wie viel Zeit steht realistisch zur Verfügung?**

Vollzeitjob + Familie + Sanierung = 10-15 Stunden/Woche realistisch, nicht 40

→ **Verzögert Eigenleistung die Vermietung?**

3 Monate Profi vs. 6 Monate Eigenleistung = 3 Monate Mietausfall

→ **Gibt es Alternativkosten?**

Könntest du in der Zeit anderweitig Geld verdienen?

→ **Hast du die nötige Ausdauer?**

Sanierung über Monate ist psychisch belastend – ehrlich prüfen!

Die versteckte Kostenrechnung:

Beispiel: Du sparst 5.000 € durch Eigenleistung, brauchst dafür aber 4 Monate länger. 4 Monate Mietausfall bei 600 €/Monat = 2.400 € Opportunitätskosten. Effektive Ersparnis: 2.600 €.

Eigenleistung rechnet sich – aber nur, wenn sie effizient ist.

Rendite entsteht nur, wenn Eigenleistung effizient eingesetzt wird - nicht aus Prinzip.

9.6 Der psychologische Effekt von Eigenleistung

Ein unterschätzter Faktor, der wenig mit Geld zu tun hat, aber viel mit Erfolg: Wer selbst saniert, kennt das Objekt besser als jeder Gutachter.

Was du durch Eigenleistung gewinnst:

- Detailkenntnis jeder Ecke des Gebäudes
- Früherkennung von Problemen
- Realistischere Einschätzung von Folgekosten
- Höhere emotionale Bindung (motiviert!)
- Selbstvertrauen für weitere Projekte

Das führt zu besseren Entscheidungen, geringeren Überraschungen und höherer Kontrolle. Und ganz ehrlich: Das Gefühl, ein Haus mit eigenen Händen saniert zu haben, ist unbezahlbar - auch wenn der Rücken manchmal was anderes sagt.

9.7 Warum Eigenleistung besonders außerhalb der Großstädte wirkt

In Klein- und Mittelstädten ist Eigenleistung nicht nur hilfreich - sie ist oft der entscheidende Faktor zwischen >funktioniert" und >funktioniert nicht".

Hier entscheidet Eigenleistung oft darüber, ob ein Objekt knapp rechnet - oder nachhaltig Rendite bringt. In Metropolen kannst du Eigenleistung manchmal durch hohe Wertsteigerung kompensieren. In der Provinz nicht.

9.8 Praxisbeispiel: Sanierung mit vs. Ohne Eigenleistung

Schauen wir uns an, wie sich Eigenleistung konkret auf die Gesamtrechnung auswirkt:

Szenario: Sanierung eines 80m² Wohnhauses

Vollständige Fremdvergabe:

Malerarbeiten	8.000 €
Bodenbeläge	4.500 €
Elektrik (einfach)	3.500 €
Sanitär (einfach)	4.000 €
Abrissarbeiten	2.500 €
Außenanlage	2.000 €
Gesamt	24.500 €

Mit Eigenleistung:

Malerarbeiten	2.500 €
Bodenbeläge	1.800 €
Elektrik (Profi)	3.500 €
Sanitär (Profi)	4.000 €
Abrissarbeiten	500 €
Außenanlage	800 €
Gesamt	13.100 €

11.400 €

Ersparnis

Durch Eigenleistung in diesem Projekt

47%

Kostensenkung

Fast die Hälfte der Sanierungskosten gespart

—

11.400 € Ersparnis bedeuten konkret: Mehr Sicherheitspuffer, weniger Finanzierungsbedarf, besserer Cashflow. Das kann den Unterschied machen zwischen „funktioniert gerade so" und „läuft richtig gut".

9.9 Fazit dieses Kapitels

Handwerkliches Geschick ist:

- Kein Muss
- Aber ein massiver Vorteil
- Besonders außerhalb von Metropolen

Es ersetzt:

- Fehlendes Eigenkapital
- Hohe Kaufpreise (teilweise)
- Teure Dienstleister

Richtig eingesetzt ist Eigenleistung:

- Kein Risiko
- Sondern ein Renditebooster
- Ein Wettbewerbsvorteil
- Ein Lernprozess

Und das Beste: Du musst kein Handwerksmeister sein. Du musst nur bereit sein zu lernen, anzupacken und durchzuhalten. Der Rest kommt mit der Übung.

Im nächsten Kapitel geht es darum, wie du Sanierungen planst, priorisierst und steuerst - damit gespartes Geld nicht an falscher Stelle verbrannt wird.

Kapitel 10: Sanieren mit Plan – statt Geld zu verbrennen

Sanierung ist der Punkt, an dem viele gute Deals scheitern. Nicht wegen des Objekts - sondern wegen fehlender Struktur.

Du hast günstig gekauft. Die Finanzierung steht. Du bist motiviert. Und dann: Chaos. Gewerke überschneiden sich, Kosten explodieren, der Zeitplan wird zur Farce.

Dieses Kapitel zeigt, wie Sanierung systematisch angegangen wird: mit klaren Prioritäten, realistischen Zahlen und ohne Selbstüberschätzung. Denn ein günstiger Kauf ist wertlos, wenn die Sanierung zum Desaster wird.

10.1 Warum Sanierung über Erfolg oder Misserfolg entscheidet

Der Kauf entscheidet über die Ausgangslage. Aber die Sanierung entscheidet über alles, was danach kommt:

- **Vermietbarkeit:**
  Wird das Objekt überhaupt nachgefragt?
- **Werthaltigkeit:**
  Steigt der Wert oder verfällt er weiter?
- **Cashflow:**
  Trägt sich das Investment?
- **Nerven:**
  Schläfst du nachts noch ruhig?

Viele Einsteiger starten zu euphorisch, sanieren zu viel - oder an der falschen Stelle. Beides kostet Rendite.

Realität Check:

Ein Bekannter kaufte für 40.000 € (Verkehrswert 120.000 €). Traumhaft, oder? Dann investierte er 65.000 € in Sanierung – weil er „alles perfekt" haben wollte. Designer-Bad, Eichenparkett, smarte Haustechnik. Vermietbar wäre es nach 30.000 € gewesen. Er hat 35.000 € verbrannt – aus Perfektionismus.

10.2 Die richtige Reihenfolge der Sanierung

Nicht alles ist gleich wichtig. Es gibt eine klare Hierarchie - und wer davon abweicht, zahlt meist teuer.

1. Dach & Gebäudehülle

Bevor innen saniert wird, muss außen dicht sein. Alles andere ist Geldverbrennung.

2. Heizung & Wärmeversorgung

Funktionierende Heizung ist nicht verhandelbar – weder für Mieter noch für Werterhalt.

3. Elektrik & Sicherheit

Alte Leitungen, fehlender FI-Schalter – das sind Versicherungsfallen und Sicherheitsrisiken.

4. Sanitär & Bad

Funktional muss es sein – nicht Instagram-tauglich. Solide Mittelklasse reicht.

5. Oberflächen & Optik

Alles, was man sieht, kommt nachdem das Gebäude funktioniert. Punkt.

Alles, was man sieht, kommt nachdem das Gebäude funktioniert. Diese Reihenfolge ist nicht verhandelbar - sie folgt technischer Logik, nicht ästhetischen Vorlieben.

10.3 Dach, Fassade und Substanz zuerst

Ein schönes Bad nützt nichts, wenn das Dach undicht ist, Feuchtigkeit eindringt und die Substanz leidet. Das klingt offensichtlich - wird aber ständig missachtet.

Warum Gebäudehülle Priorität hat:

- Feuchteschäden zerstören alles (Schimmel, Fäulnis)
- Folgeschäden kosten mehr als Vorbeugung
- Ungedämmte Häuser sind nicht vermietbar (EnEV/GEG)
- KfW-Förderung nur bei Gesamtsanierung

Typische Maßnahmen:

- Dacheindeckung erneuern
- Fassade sanieren/dämmen
- Fenster austauschen (oft KfW-förderfähig)
- Kellerabdichtung prüfen

Investitionen in die Hülle sind wertstabil, reduzieren Folgeschäden und erhöhen langfristig den Marktwert. Hier zu sparen rächt sich fast immer - oft erst Jahre später, aber dann umso teurer.

Rechtliche Anforderungen beachten:

Seit Inkrafttreten des Gebäudeenergiegesetzes (GEG) gelten strenge Anforderungen. Bei umfassender Sanierung bist du verpflichtet, Mindeststandards einzuhalten (§ 10 GEG). Das ist keine Empfehlung – das ist Gesetz.

10.4 Technik vor Optik

Heizung, Elektrik und Wasser sieht der Mieter kaum - nutzt er aber täglich. Fehler in diesem Bereich führen zu Ausfällen, Beschwerden und hohen Folgekosten.

1

Heizungsanlage

Alte Heizungen sind Energiefresser und störanfällig. Moderne Gasbrennwert- oder Wärmepumpen sind oft KfW-förderfähig (BEG-Förderung).

2

Elektroinstallation

FI-Schutzschalter Pflicht (DIN VDE 0100), ausreichend Steckdosen, keine Aluverkabelung. Brandgefahr ist real.

3

Wasserinstallation

Alte Bleirohre müssen raus (Trinkwasserverordnung), Absperrventile erneuern, Wasserdruck prüfen.

Gerade bei älteren Objekten gilt: Technik erneuern ist keine Verschönerung – sondern Risikominimierung. Niemand will nachts vom Mieter angerufen werden, weil die Heizung ausgefallen ist. Und niemand will mit Versicherungsfragen kämpfen, weil veraltete Elektrik einen Brand verursacht hat.

10.5 Förderungen und Abschreibungen nutzen

Sanierung ist nicht nur Kosten - sie ist auch Steuer- und Förderthema. Wer hier nicht aufpasst, verschenkt bares Geld.

Drei zentrale Bereiche:

KfW-Förderung

Programme: KfW 261 (Wohngebäude), KfW 262 (Einzelmaßnahmen)

Förderung: Bis zu 150.000 € Kredit mit Tilgungszuschuss bis 45%

Bedingung: Energieberater, Mindeststandards, Dokumentation

Steuerliche Abschreibung

AfA: 2% jährlich über 50 Jahre (§ 7 EStG)

Erhöhte AfA: Bei Baudenkmalen bis 9% über 12 Jahre (§ 7i EStG)

Werbungskosten: Sofortabzug bei Erhaltungsaufwand

BAFA-Förderung

Heizungstausch: Bis zu 70% Zuschuss bei Wärmepumpe

Heizungsoptimierung: 15% Zuschuss

Energieberatung: 80% gefördert

Wichtig: Reihenfolge beachten!

Förderung MUSS vor Maßnahmenbeginn beantragt werden. Wer erst baut und dann beantragt, geht leer aus – kein Pardon, keine Ausnahmen.

10.6 Wie Sanierung den Marktwert hebt

Gezielte Maßnahmen können den Verkehrswert erhöhen, die Beleihungsbasis verbessern und die Miete stabilisieren. Aber Achtung: Nicht jede Investition lohnt sich gleich.

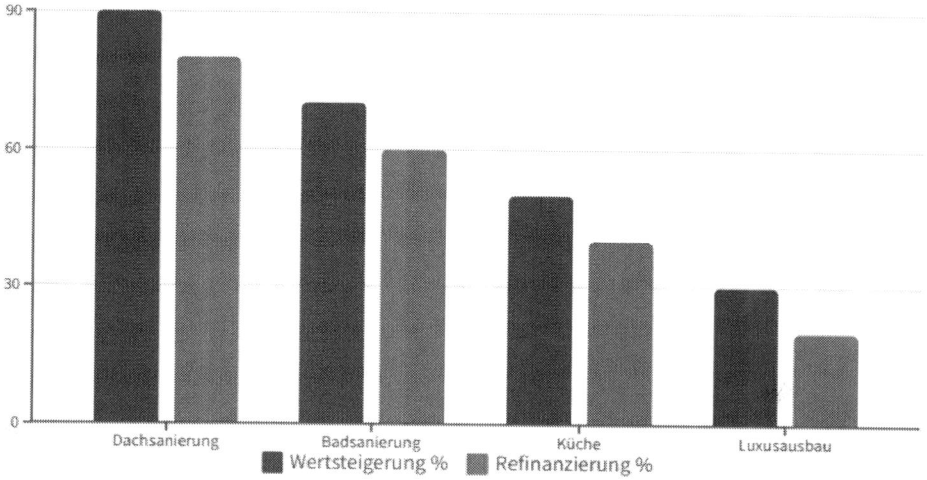

Luxus bringt selten Rendite. Standard bringt Stabilität. Das Ziel ist: solide, vermietbare Qualität – kein Showroom.

10.7 Typische Anfängerfehler – und wie du sie vermeidest

Die häufigsten Fehler sind immer die gleichen - und fast alle vermeidbar.

1 Fehler 1: Alles neu machen wollen

Problem: Du reißt mehr raus als nötig. Budget explodiert.

Lösung: Nur ersetzen, was wirklich kaputt ist. Funktional vor perfekt.

2 Fehler 2: Materialqualität überschätzen

Problem: Designer-Fliesen für 80 €/m² – der Mieter merkt keinen Unterschied zu 30 €/m².

Lösung: Solide Mittelklasse reicht. Investiere in Langlebigkeit, nicht in Luxus.

3 Fehler 3: Zeit unterschätzen

Problem: „3 Monate Sanierung" werden 8 Monate. Mietausfall killt die Rendite.

Lösung: Zeitplan verdoppeln, dann bist du realistisch.

4 Fehler 4: Reserve vergessen

Problem: Budget exakt verplant, dann kommt eine Überraschung – und du hast kein Geld mehr.

Lösung: Mindestens 15% Sicherheitspuffer einkalkulieren. Immer.

5 Fehler 5: Ohne Plan starten

Problem: „Ich fang mal an" führt zu Chaos, Mehrfacharbeiten, Frust.

Lösung: Alles dokumentieren, Gewerke durchplanen, Checklisten führen.

Sanierung ohne Plan ist teuer, stressig und renditeschädlich. Mit Plan ist sie kontrollierbar, kalkulierbar und erfolgreich.

10.8 Checkliste: Sanierungsplanung

Damit du strukturiert bleibst 3 die komplette Checkliste für deine Sanierungsplanung:

01

Bestandsaufnahme

Was ist der tatsächliche Zustand? Alles dokumentieren, fotografieren, notieren.

02

Prioritäten setzen

Nach der Reihenfolge: Hülle → Technik → Oberflächen

03

Kostenplan erstellen

Gewerk für Gewerk durchkalkulieren, Angebote einholen, vergleichen

04

Zeitplan aufstellen

Realistisch planen, Puffer einbauen, Meilensteine definieren

05

Förderungen prüfen

KfW, BAFA – vor Maßnahmenbeginn beantragen!

06

Reserve einplanen

Mindestens 15% auf Gesamtkosten als Puffer

07

Durchführung kontrollieren

Regelmäßig vor Ort sein, Fortschritt prüfen, dokumentieren

08

Abnahme sicherstellen

Alles abnehmen lassen (Elektrik, Heizung), Dokumentation für Versicherung

10.9 Die goldene Regel der Sanierung

Sanieren, was nötig ist - nicht, was gefällt

Alles andere ist Liebhaberei oder Selbstdarstellung. Beides zahlt keine Rendite.

Diese Regel klingt einfach - ist aber schwer durchzuhalten, wenn du mitten in der Sanierung steckst und überlegst: „Vielleicht doch die etwas schöneren Fliesen?" Nein. Funktional. Solide. Fertig.

10.10 Fazit dieses Kapitels

Sanierung ist:

- Kein kreatives Projekt
- Kein Experiment
- Keine Spielwiese

Sie ist:

- Ein Prozess
- Eine Kostenrechnung
- Ein Risikomanagement

Wer strukturiert saniert, verwandelt einen günstigen Kauf in ein dauerhaft tragfähiges Investment. Wer chaotisch saniert, verwandelt einen guten Deal in ein Fass ohne Boden.

Im nächsten Kapitel geht es darum, wie diese Immobilie am Markt funktioniert: Vermietung in Kleinund Mittelstädten - realistisch, nüchtern und renditeorientiert.

10.11. Dein persönlicher Fahrplan: Von hier bis zum ersten Deal

Von „interessiert" zu „Immobilienbesitzer" ist ein Weg. Hier ist deine Roadmap:

1 **Monate 1-2: Lernen**
Buch lesen, Versteigerungskalender studieren, erste Gutachten analysieren

2 **Monat 3: Besichtigen**
Erste Versteigerungstermine besuchen, Gefühl für Abläufe bekommen

3 **Monate 4-5: Vorbereiten**
Finanzierung klären, Bankgespräche führen, Handwerker-Netzwerk aufbauen

4 **Monat 6: Bieten**
Erstes Gebot abgeben – vielleicht gewinnst du nicht, aber du lernst

5 **Monate 7-12: Sanieren**
Nach Zuschlag: Strukturiert sanieren nach den Prinzipien aus Kapitel 10

6 **Monat 13+: Vermieten**
Erste Mieteinnahmen, Cashflow überwachen, aus Erfahrung lernen

Das ist kein Sprint. Das ist ein Marathon. Aber jeder Schritt bringt dich weiter.

Kapitel 11: Vermietung in Klein- und Mittelstädten

Vermietung ist kein Selbstläufer. Aber sie ist auch kein Hexenwerk - wenn man die Spielregeln kennt. Dieses Kapitel räumt mit einem weiteren Mythos auf: „Außerhalb der Großstadt findet man keine Mieter." Die Realität sieht differenzierter aus - und oft besser für Renditeorientierte.

11.1 Nachfrage realistisch bewerten

Was Nachfrage NICHT erzeugt

- Schlagzeilen in Wirtschaftsmagazinen
- Image und Stadtmarketing
- Trendstädte-Rankings
- Hipster-Cafés und Co-Working-Spaces

Was Nachfrage WIRKLICH erzeugt

- Stabile Arbeitsplätze vor Ort
- Funktionierende Infrastruktur
- Bezahlbarer Wohnraum
- Verlässliche Verkehrsanbindung

In vielen Klein- und Mittelstädten existiert eine stabile Nachfrage, die nicht von kurzfristigen Trends abhängt. Der entscheidende Unterschied: Während Großstädte oft einen Neubauboom erleben, der mittelfristig zu Überangebot führen kann, bleibt das Angebot in kleineren Städten häufig begrenzt. Das Ergebnis: konstante Vermietungsquoten, überschaubarer Leerstand und planbare Mieten.

Ein Blick auf die Statistik zeigt: Städte mit 20.000 bis 80.000 Einwohnern und stabiler Wirtschaftsstruktur - etwa durch Mittelständler oder öffentliche Arbeitgeber - weisen oft Leerstandsquoten unter 5% auf. Das ist nicht spektakulär, aber genau diese Unspektakularität macht sie kalkulierbar.

🗒 **Praxis-Tipp:** Prüfen Sie die Arbeitslosenquote der letzten 10 Jahre. Liegt sie konstant unter dem Bundesdurchschnitt? Dann haben Sie einen ersten Indikator für stabile Nachfrage – unabhängig vom Stadt-Image.

11.2 Mietpreise vs. Kaufpreise – Die entscheidende Relation

Großstadt-Beispiel

Kaufpreis: 300.000 €

Kaltmiete: 900 €/Monat

Faktor: 333

Bruttorendite: 3,6%

Kleinstadt-Beispiel

Kaufpreis: 80.000 €

Kaltmiete: 600 €/Monat

Faktor: 133

Bruttorendite: 9,0%

Der entscheidende Unterschied zu Großstädten: Mieten sind niedriger, Kaufpreise sind deutlich niedriger. Die absolute Miete ist niedriger - die Rendite oft höher. Und genau darum geht es.

Diese Rechnung ist simpel, wird aber erstaunlich oft ignoriert. Viele Einsteiger fixieren sich auf die absolute Mieteinnahme und übersehen die Relation zum Kaufpreis. Dabei ist genau diese Relation der entscheidende Renditefaktor. Ein Objekt, das monatlich 600 Euro Miete bringt, kann wirtschaftlich erfolgreicher sein als eines mit 900 Euro - wenn der Kaufpreis entsprechend niedriger liegt.

11.3 Warum Rendite hier oft besser ist

Rendite entsteht aus einer einfachen Formel: **Miete ÷ Kaufpreis**. Nicht aus Lage-Romantik, Wertsteigerungshoffnung oder Prestige. Diese klare mathematische Beziehung wird in Klein- und Mittelstädten oft günstiger, weil der Nenner - der Kaufpreis - überproportional niedriger liegt als der Zähler.

9-12%
Typische Bruttorendite
in Klein- und Mittelstädten bei Zwangsversteigerungen

3-5%
Typische Bruttorendite
in Großstädten bei Normalverkäufen

4-7%
Renditevorteil
durch strukturelle Preisunterschiede

Klein- und Mittelstädte bieten geringere Einstiegskosten, höhere Bruttorenditen und bessere CashflowChancen. Das ist kein Zufall - sondern Markteffizienz. Der Markt bewertet Risiken anders: Während in Großstädten Kaufpreise durch Nachfrage und Spekulation getrieben werden, orientieren sich Preise in kleineren Städten stärker an fundamentalen Werten.

Ein praktisches Beispiel: Ein sanierungsbedürftiges Mehrfamilienhaus in einer Stadt mit 35.000 Einwohnern wird für 120.000 Euro ersteigert. Nach einer Sanierung von 40.000 Euro (Eigenleistung und Material) erzielt es eine Jahresnettokaltmiete von 14.400 Euro. Das ergibt eine Bruttorendite von 9% auf den Gesamtinvestitionsbetrag -vor Abzug der Finanzierungskosten.

In München hätte dasselbe Objekt mindestens 450.000 Euro gekostet, bei vielleicht 18.000 Euro Jahresmiete. Bruttorendite: 4%. Der Unterschied liegt nicht in der Qualität der Immobilie, sondern in der Marktbewertung.

Achtung: Bruttorendite ist nicht Nettorendite. Abzuziehen sind noch: Zinsen, Instandhaltung, Verwaltung, Leerstand, Steuern.

11.4 Die richtige Zielgruppe verstehen

Erfolgreiche Vermietung heißt: den richtigen Wohnraum für die richtige Zielgruppe bieten. Klingt banal, wird aber oft missachtet. Viele Vermieter projizieren ihre eigenen Wohnvorstellungen auf den Markt - und scheitern dann an der Realität.

Handwerker

Suchen praktische, robuste Wohnungen mit guter Verkehrsanbindung. Erwarten keine Designerküchen, aber funktionale Ausstattung. Oft langfristige Mieter mit stabilem Einkommen.

Alleinstehende

Benötigen überschaubare Wohnflächen (40-60 m²) zu bezahlbaren Mieten. Flexibilität bei Ausstattung, solange Lage und Preis stimmen. Häufiger Mieterwechsel möglich.

Paare

Suchen 60-80 m² in ruhiger Lage. Oft Vorstufe zum Eigenheim, daher mittelfristige Mietdauer (2-5 Jahre). Achten auf Preis-Leistungs-Verhältnis.

Ältere Menschen

Bevorzugen barrierefreie oder -arme Wohnungen, zentrale Lagen mit Infrastruktur. Sehr langfristige Mieter, geringe Fluktuation. Zuverlässige Mietzahlung.

Lokale Arbeitnehmer

Angestellte bei regionalen Unternehmen oder öffentlichen Arbeitgebern. Stabile Einkommensverhältnisse, mittlere bis lange Mietdauer. Erwarten solide Standardausstattung.

Diese Mieter suchen bezahlbaren Wohnraum, bleiben oft langfristig und erwarten Funktion – keinen Luxus. Das ist Ihre Zielgruppe in Klein- und Mittelstädten. Nicht Studenten (zu hohe Fluktuation), nicht Expats (zu geringe Nachfrage), nicht Luxusmieter (falscher Markt).

11.5 Ausstattung: solide statt luxuriös

.Typische Fehler

- Überinvestition in Designerküchen
- Echtholzparkett in Mietwohnungen
- Luxusbäder mit Regendusche
- Smart-Home-Systeme
- Exklusive Armaturen und Fliesen

Erfolgreiche Ausstattung

- Solide Einbauküche (IKEA-Niveau)
- Funktionales Bad mit Standardfliesen
- Pflegeleichte Böden (Vinyl, Laminat)
- Robuste, einfach zu reparierende Technik
- Neutrale Farben, zeitlose Gestaltung

Der häufigste Fehler vieler Einsteiger: Sie investieren in Ausstattung, die der Mieter nicht bezahlt, aber sie selbst teuer instandhalten müssen. Eine Designerküche für 15.000 Euro wird nicht durch 50 Euro mehr Miete refinanziert - aber sie verursacht höhere Reparaturkosten und ist schwerer zu ersetzen.

Das Ziel ist klar definiert: geringe Reparaturkosten bei hoher Vermietbarkeit. Eine IKEA-Küche für 3.000 Euro erfüllt diesen Zweck oft besser als eine Schreinerküche für 12.000 Euro. Sie lässt sich im Schadensfall günstig ersetzen, wirkt trotzdem modern und funktional. Der Mieter in der Kleinstadt erwartet keine Luxusausstattung - er erwartet, dass alles funktioniert und der Preis stimmt.

Faustregel: Investieren Sie pro Quadratmeter nicht mehr in die Ausstattung, als Sie durch die Miete in 15 Jahren zurückerhalten. Bei 7 €/m² Kaltmiete sind das maximal 1.260 €/m² Ausstattungskosten über die gesamte Nutzungsdauer.

11.6 Leerstand ehrlich kalkulieren

Leerstand ist kein Ausnahmefall - er ist Teil der Rechnung. Diese Wahrheit ist unangenehm, aber unvermeidlich. Realistisch sind kurze Leerstände zwischen Mietern und längere Leerstände bei Fehlplanung. Wer Leerstand ignoriert, rechnet sich reich - aber lebt später enttäuscht.

1 Normalfall

1-2 Monate Leerstand pro Mieterwechsel, durchschnittlich alle 3-5 Jahre. Entspricht 2-7% jährlichem Leerstand.

2 Problemfall

3-6 Monate bei schwieriger Vermarktung oder falscher Preissetzung. Entspricht 25-50% Leerstand im Wechseljahr.

3 Krisenfall

Längerer Leerstand durch Marktveränderung oder strukturelle Probleme. Kann mehrere Jahre dauern.

Die wichtigsten Regeln zum Umgang mit Leerstand:

- **Rücklagen einplanen:**
  Mindestens 2 Monatsmieten pro Jahr als Liquiditätspuffer
- **Miete nicht zu hoch ansetzen:**
  Lieber 50 Euro weniger und schnell vermietet als monatelang leer
- **Nachfrage vorab prüfen:**
  Wie lange stehen vergleichbare Wohnungen in den Online-Portalen?
- **Realistische Mieterwechselkosten:**
  Rechnen Sie mit Renovierung, Reinigung und Vermarktung

Ein praktisches Rechenbeispiel: Eine Wohnung mit 600 Euro Kaltmiete, vermietet 11 Monate im Jahr (1 Monat Leerstand), bringt nicht 7.200 Euro, sondern 6.600 Euro. Das sind 600 Euro weniger - und damit 600 Euro, die Sie in Ihrer Kalkulation berücksichtigen müssen. Klingt selbstverständlich? Schauen Sie sich an, wie viele Finanzierungsanfragen mit 100% Vermietungsquote kalkuliert sind.

11.7 Warum Mieterstruktur wichtiger ist als Quadratmeter

Der 50-Euro-Vorteil

Ein zuverlässiger Mieter mit moderater Miete (550 € statt 600 €) und langfristigem Interesse ist wirtschaftlich mehr wert als:

- Hohe Miete mit häufigem Wechsel
- Zahlungsausfälle und Mahnverfahren
- Renovierungskosten alle 2 Jahre
- Nervliche Belastung und Zeitaufwand

Nicht die Wohnungsgröße entscheidet über Ihren Erfolg, sondern Zahlungsfähigkeit, Stabilität und Lebenssituation des Mieters. Diese Erkenntnis widerspricht dem Instinkt vieler Vermieter, die reflexartig die höchstmögliche Miete anstreben.

Ein Rechenbeispiel verdeutlicht es: Mieter A zahlt 600 Euro, wechselt alle 2 Jahre. Kosten pro Wechsel: 2 Monate Leerstand (1.200 €) + Renovierung (1.500 €) + Vermarktung (300 €) = 3.000 Euro. Über 6 Jahre: drei Wechsel = 9.000 Euro Zusatzkosten.

Mieter B zahlt 550 Euro, bleibt 6 Jahre. Kein Wechsel, keine Zusatzkosten. Geringere Einnahmen: 50 € × 72 Monate = 3.600 Euro. Mieter B ist wirtschaftlich 5.400 Euro wertvoller - trotz niedrigerer Miete.

> **Rechtlicher Hinweis:** Nach § 535 BGB schuldet der Vermieter die Gebrauchsüberlassung für die vereinbarte Miete. Eine stabile Mieterbeziehung reduziert nicht nur Kosten, sondern auch rechtliche Risiken durch Streitigkeiten.

Langfristige Mieter bedeuten: weniger Verwaltungsaufwand, geringeres Leerstandsrisiko, kalkulierbare Einnahmen, weniger Renovierungen und deutlich weniger Stress. Das lässt sich nicht in Excel-Tabellen abbilden - aber es macht den Unterschied zwischen einem tragfähigen Investment und einem Nervenbündel.

11.8 Fazit zu Kapitel 11

Kalkulierbar

Nachfrage ist stabil, Leerstand ist überschaubar, Mieten sind planbar - wenn man die Regeln kennt.

Renditestark

Niedrige Kaufpreise bei soliden Mieten ergeben bessere Renditen als überteuerte Großstadtobjekte.

Realistisch

Kein Hype, keine Spekulation - sondern fundierte Rechnung mit Sicherheitsmargen.

Vermietung in Klein- und Mittelstädten ist kein Risiko per se, kein Notbehelf und kein Abstieg. Sie ist kalkulierbar, renditestark und realistisch. Wer Nachfrage nüchtern bewertet und nicht auf Trends hereinfällt, erzielt oft bessere Ergebnisse als im überhitzten Großstadtmarkt.

Die entscheidenden Erfolgsfaktoren sind: realistische Bewertung der Nachfrage, Fokus auf die MietpreisKaufpreis-Relation, Verständnis für die lokale Zielgruppe, solide statt luxuriöse Ausstattung, ehrliche Leerstandskalkulation und Konzentration auf langfristige Mieterbeziehungen.

Im nächsten Kapitel geht es um Zahlen, die viele verdrängen: Cashflow, Rücklagen und Sicherheit - damit das Investment auch in schwierigen Phasen trägt.

Kapitel 12: Cashflow, Rücklagen und Sicherheit

Viele Immobilien scheitern nicht am Kaufpreis – sondern im laufenden Betrieb. Die monatliche Realität entscheidet über Erfolg oder Misserfolg. Dieses Kapitel behandelt die unspektakulären, aber entscheidenden Fragen rund um Liquidität, Sicherheit und finanzielle Stabilität im Immobilienbestand.

12.1 Warum Cashflow wichtiger ist als Wertsteigerung

Wertsteigerung ist...

- Ungewiss
- Zeitabhängig
- Marktabhängig
- nicht planbar
- oft Spekulation

Cashflow ist...

- messbar
- planbar
- monatlich relevant
- kontrollierbar
- konkret spürbar

Ein Objekt mit leicht positiver Liquidität und solider Sicherheitsmarge ist stabiler als ein teures Objekt mit negativer Monatsbilanz und Hoffnung auf steigende Preise. Wertsteigerung ist das Dessert – Cashflow ist das Hauptgericht. Wer ohne Hauptgericht auskommt, hat entweder sehr viel Eigenkapital oder sehr viel Glück. Beides ist keine Strategie.

> **Praxisregel:** Wenn du nachts nicht schlafen kannst, weil du auf Wertsteigerung hoffst, läuft etwas grundsätzlich falsch. Wenn du ruhig schläfst, weil die Miete jeden Monat kommt, läuft es richtig.

12.2 Die monatliche Rechnung

Die Grundrechnung ist einfach – und wird trotzdem ständig falsch gemacht. Nicht aus Unwissenheit, sondern aus Optimismus. Optimismus ist im Privatleben schön. In der Immobilienkalkulation ist er teuer.

Einnahmen

Kaltmiete

(Nicht Warmmiete!)

Ausgaben

- Zins
- Tilgung
- Rücklagen
- Verwaltung
- Laufende Kosten

Cashflow

= Einnahmen – Ausgaben

Nur das zählt!

Wichtig: Nur was nach allen Kosten übrig bleibt, zählt. Die Tilgung ist keine Einnahme – sie ist eine Ausgabe, die dein Vermögen erhöht, aber nicht deine Liquidität. Verwechsle niemals Vermögensaufbau mit verfügbarem Geld.

Beispielrechnung: Monatlicher Cashflow

Nehmen wir ein konkretes Objekt aus einer Kleinstadt:

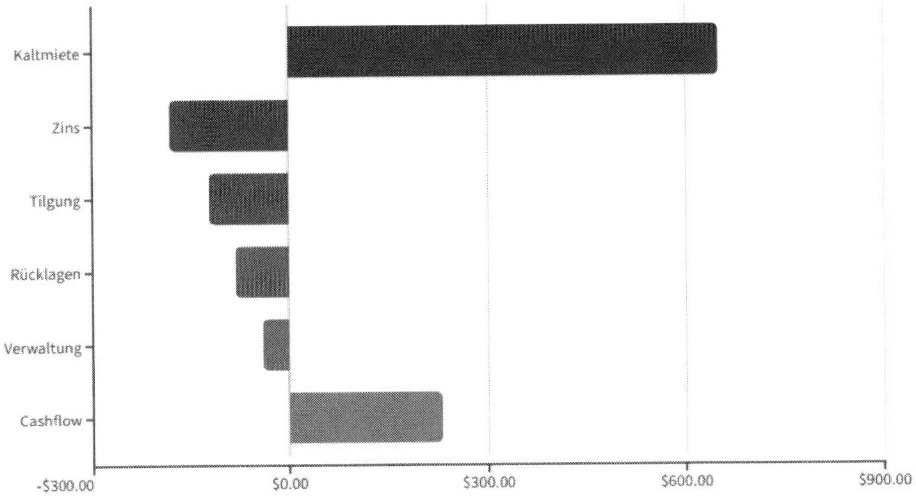

Ergebnis: 230 € monatlicher Überschuss. Das klingt nicht spektakulär – ist es auch nicht. Aber es ist stabil. Und Stabilität schlägt Spekulation. Jeden Tag. In jeder Marktlage.

12.3 Rücklagen realistisch bilden

Ein häufiger Fehler: Rücklagen werden „vergessen". Nicht absichtlich. Aber gerne. Weil sie die Rechnung weniger schön aussehen lassen. Das Problem: Heizungen interessieren sich nicht für schöne Rechnungen. Sie gehen kaputt, wenn sie kaputtgehen wollen. Meist im Winter. Meist nachts. Meist teuer.

Rücklagen sind kein Verlust. Sie sind kein totes Geld. Sie sind ein Risikopuffer – und damit einer der wichtigsten Erfolgsgaranten überhaupt.

Richtwerte für Rücklagen

1

Einfache Formel

10–20 € pro m² Wohnfläche und Jahr

Beispiel: 60 m² = 600–1.200 € jährlich = 50–100 € monatlich

2

Alternative Formel

10–15 % der Jahreskaltmiete

Beispiel: 7.800 € Jahresmiete = 780–1.170 € jährlich = 65–98 € monatlich

3

Anpassung nach Zustand

Neubau: untere Grenze

Altbau saniert: mittlere Grenze

Altbau unsaniert: obere Grenze + Puffer

Diese Richtwerte sind keine Wissenschaft. Sie sind Erfahrungswerte aus Tausenden von Objekten. Ignoriere sie auf eigene Gefahr – oder besser: auf eigene Rechnung.

> **Rechtlicher Hintergrund:** In Wohnungseigentümergemeinschaften sind Rücklagen nach § 28 Abs. 2 WEG sogar gesetzlich vorgeschrieben. Bei Einzeleigentum gibt es keine Pflicht – aber die Realität ist gnadenloser als jedes Gesetz.

Was Rücklagen abdecken sollten

Regelmäßige Instandhaltung

- Heizungswartung
- Schornsteinfeger
- Kleinreparaturen
- Gartenpflege
- Schönheitsreparaturen

Unregelmäßige Großposten

- Dachsanierung (alle 30–50 Jahre)
- Heizungserneuerung (alle 15–25 Jahre)
- Fassadenarbeiten (alle 20–40 Jahre)
- Fenster (alle 25–40 Jahre)

Unvorhergesehenes

- Wasserschäden
- Sturm-/Hagelschäden
- Elektrikprobleme
- Rohrverstopfungen
- Unerwartete Mängel

Wer Rücklagen bildet, schläft besser. Wer sie nicht bildet, wird irgendwann unsanft geweckt.

12.4 Leerstand einkalkulieren – nicht ignorieren

Leerstand gehört zur Realität. Punkt. Nicht „könnte vorkommen" oder „im schlimmsten Fall". Er kommt. Garantiert. Die Frage ist nicht ob, sondern wann und wie lange. Wer mit 100 % Auslastung rechnet, rechnet falsch. Nicht pessimistisch. Einfach nur falsch.

1 **Mieterwechsel**
Mieter kündigen. Aus tausend Gründen. Das ist normal, nicht persönlich.

2 **Renovierungsphase**
Zwischen Alt- und Neumieter: Streichen, Reparieren, Reinigen.

3 **Neuvermietung**
Anzeige schalten, Besichtigungen, Bonitätsprüfung, Vertrag. Dauert.

4 **Ergebnis**
Realistisch: 1–2 Monatsmieten Leerstand pro Jahr einkalkulieren.

Besser: Mit Leerstand rechnen und positiv überrascht werden. Schlecht: Ohne Leerstand rechnen und in Liquiditätsprobleme laufen.

„Aber meine Wohnung ist so gut, die wird sofort vermietet!" – Vielleicht. Oder der Mieter zieht im Dezember aus, die Wohnung braucht drei Wochen Renovierung, und die ersten Interessenten kommen im Januar. Rechne damit.

Leerstand in der Kalkulation

Beispiel: Kaltmiete 650 € monatlich

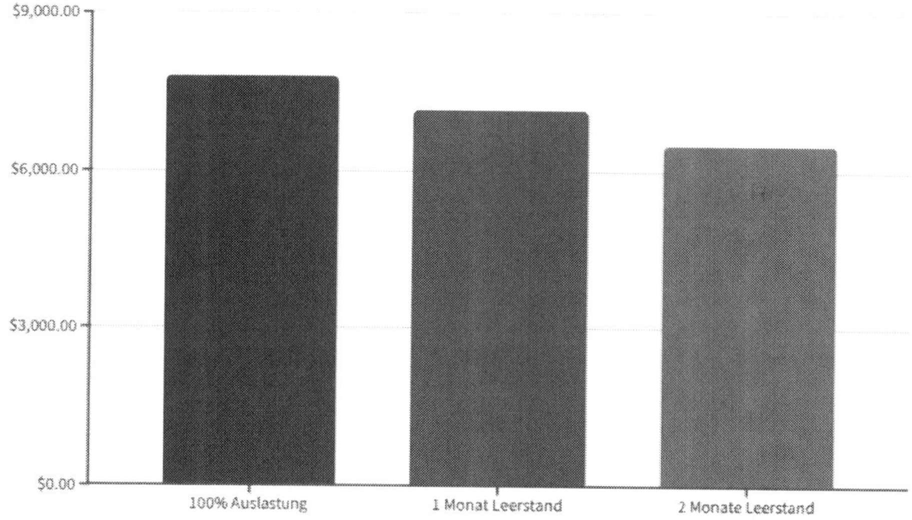

Differenz zwischen Theorie (100%) und konservativer Rechnung (2 Monate): 1.300 € pro Jahr. Das ist kein Peanuts. Das ist eine Heizungswartung, eine Versicherung, ein Puffer. Wer damit rechnet, wird selten überrascht. Wer nicht damit rechnet, wird garantiert überrascht.

12.5 Sicherheit entsteht durch Puffer

Was echter Puffer bedeutet

Finanzieller Puffer

- Liquiditätsreserve von 3–6 Monatsausgaben
- Nicht für „Notfälle", sondern für Normalität
- Getrennt vom Eigenkapital

Kalkulatorischer Puffer

- Leerstand eingerechnet
- Rücklagen großzügig bemessen
- Miete nicht am oberen Limit angesetzt

Mentaler Puffer

- Kein Zeitdruck bei Entscheidungen
- Ruhe bei Mieterwechsel
- Gelassenheit bei Reparaturen

Puffer sind nicht Luxus. Sie sind Grundausstattung. Wer ohne Puffer investiert, investiert nicht – er spekuliert. Und Spekulation funktioniert nur, bis sie nicht mehr funktioniert.

12.6 Typische Rechenfehler von Einsteigern

Die häufigsten Fehler passieren nicht aus Unwissenheit, sondern aus Wunschdenken. Sie sind nicht dramatisch – bis sie dramatisch werden. Hier die Top 5 der Kalkulationsfehler, die du vermeiden solltest (außer du magst schlaflose Nächte).

1

Bruttomiete mit Nettogewinn verwechseln

„Die Wohnung bringt 700 € Miete!" – Ja. Und davon bleiben nach Zins, Tilgung, Rücklagen und Verwaltung vielleicht 150 € über. Das ist Realität, keine Schwarzmalerei.

2

Rücklagen ignorieren

„Das ist doch alles neu saniert!" – Ja. Und in 15 Jahren ist die Heizung fällig. In 25 Jahren die Fenster. Physik interessiert sich nicht für deine Rechnung.

3

Tilgung als Gewinn sehen

Tilgung baut Vermögen auf – aber sie erhöht nicht deine Liquidität. Verwechsle niemals Vermögensaufbau mit verfügbarem Geld.

4

Nebenkosten unterschätzen

Grundsteuer, Versicherung, Müllabfuhr, Schornsteinfeger – das summiert sich. Schneller als gedacht. Großzügiger als gewünscht.

5

Reparaturen verdrängen

„Das hält noch 10 Jahre!" – Vielleicht. Oder es geht nächste Woche kaputt. Murphy's Law gilt auch für Immobilien. Besonders für Immobilien.

Diese Fehler führen nicht sofort zu Problemen. Aber sicher. Sehr sicher.

Checkliste: Kalkulationsfehler vermeiden

☐ **Prüfe deine Rechnung ehrlich:**

- ☐ Kaltmiete verwendet, nicht Warmmiete?
- ☐ Rücklagen mit 10–20 €/m²/Jahr eingerechnet?
- ☐ Leerstand von 1–2 Monaten berücksichtigt?
- ☐ Verwaltungskosten einkalkuliert?
- ☐ Tilgung als Ausgabe behandelt, nicht als Gewinn?
- ☐ Nebenkosten (Grundsteuer, Versicherung) erfasst?
- ☐ Instandhaltungsrücklagen separat angelegt?
- ☐ Konservativ gerechnet, nicht optimistisch?

Wenn du alle Punkte mit „Ja" beantworten kannst: Glückwunsch. Du gehörst zu den 20 %, die es richtig machen. Wenn nicht: Korrigiere jetzt. Nicht später. Später ist teurer.

12.7 Wann ein Objekt wirklich „trägt"

Ein Objekt trägt sich, wenn es keine ständige Aufmerksamkeit, kein permanentes Nachschießen von Geld und keine Anspannung bei jedem Kontoauszug verursacht. Es muss nicht reich machen. Es muss stabil sein. Stabilität ist die Basis für Wachstum. Ohne Stabilität ist Wachstum nur eine Blase, die darauf wartet zu platzen.

Laufende Kosten gedeckt

Alle monatlichen Ausgaben werden durch die Miete gedeckt – ohne Nachschuss.

Rücklagen werden gebildet

Monatlich fließt Geld in einen separaten Rücklagentopf – automatisch, nicht „wenn etwas übrig ist".

Keine Nachfinanzierung nötig

Das Objekt läuft aus eigener Kraft – keine Privateinlagen, keine Notfallkredite.

Das sind die drei Kriterien. Mehr nicht. Wenn diese drei Punkte erfüllt sind, trägt sich das Objekt. Alles darüber hinaus – Wertsteigerung, Tilgung, Steuervorteile – ist Bonus. Wichtig, aber Bonus.

Beispiel: Tragendes vs. nicht-tragendes Objekt

❌ Nicht tragend

Kaltmiete: 750 €

Zins + Tilgung: 520 €

Rücklagen: 0 € (vergessen)

Verwaltung: 45 €

Nebenkosten: 60 €

Cashflow: 125 €

Problem: Keine Rücklagen. Erste größere Reparatur = Privateinlage oder Kredit.

✅ Tragend

Kaltmiete: 650 €

Zins + Tilgung: 380 €

Rücklagen: 80 €

Verwaltung: 40 €

Nebenkosten: 50 €

Cashflow: 100 €

Vorteil: Geringere Miete, aber strukturell solide. Läuft langfristig stabiler.

Das rechte Objekt hat weniger Cashflow, aber mehr Sicherheit. Im Ernstfall – und der kommt – ist Sicherheit mehr wert als 25 € mehr Cashflow pro Monat.

12.8 Fazit dieses Kapitels

Cashflow ist Pflicht

Nicht Bonus, nicht Nice-to-have. Ohne Cashflow ist alles andere egal.

Rücklagen sind Weitsicht

Keine Schwäche, keine Vorsicht. Sondern professionelles Risikomanagement.

Sicherheit durch konservative Rechnung

Nicht durch hohe Preise, sondern durch realistische Kalkulation.

Im nächsten Kapitel geht es darum, wie aus einem ersten soliden Objekt schrittweise ein Bestand wird – ohne sich zu übernehmen, ohne Tempozwang, ohne den Fehler zu machen, den 90 % der Einsteiger machen: zu schnell zu viel zu wollen.

Kapitel 13: Skalierung – vom ersten Objekt zum Bestand

Der erste Kauf entscheidet nicht darüber, ob du reich wirst. Aber er entscheidet darüber, **ob du weitermachen kannst**. Dieses Kapitel zeigt, wie aus einem einzelnen Objekt Schritt für Schritt ein Bestand wird – ohne Tempozwang, ohne Risikoakkumulation und ohne Selbstüberschätzung. Denn Skalierung ist kein Sprint. Sie ist ein Marathon. Und zwar einer, bei dem die meisten nach dem ersten Kilometer aufgeben – weil sie ihn wie einen 100-Meter-Lauf angegangen sind.

13.1 Warum der erste Deal der wichtigste ist

Der erste Deal ist kein Rendite-Maximierer. Das sollte er auch nicht sein. Er ist etwas viel Wichtigeres: Er ist dein Lernobjekt, deine Referenz, deine Vertrauensbasis – für dich selbst, für Banken, für zukünftige Entscheidungen.

Wie Banken reagieren

Theorie: Banken prüfen Bonität. Praxis: Banken prüfen Erfahrung. Nach dem ersten Deal weißt du, wie Bankgespräche wirklich laufen.

Wie Sanierung wirklich läuft

Theorie: Sanierung dauert 4 Wochen. Praxis: Sie dauert 8 Wochen und kostet 30 % mehr. Nach dem ersten Deal weißt du, warum.

Wie Vermietung sich anfühlt

Theorie: Mieter zahlen pünktlich. Praxis: Manche zahlen pünktlich, manche nicht, manche rufen nachts an. Nach dem ersten Deal bist du vorbereitet.

Wie du selbst unter Druck handelst

Theorie: Du bleibst ruhig. Praxis: Du lernst, wann Panik berechtigt ist und wann nicht. Unbezahlbar.

Dieses Wissen ist wertvoller als jede Theorie. Es ist das Fundament für alles, was danach kommt. Ohne dieses Fundament ist jeder weitere Deal ein Glücksspiel.

13.2 Skalierung beginnt nicht mit Wachstum, sondern mit Stabilität

Viele Einsteiger wollen schnell mehrere Objekte, möglichst große Portfolios, hohe Schlagzahl. Das ist nicht ambitioniert – das ist gefährlich. Skalierung ohne Stabilität ist wie Turmbau ohne Fundament. Es wirkt beeindruckend. Bis es kippt.

Was Einsteiger wollen:

- Schnell mehrere Objekte kaufen
- Große Portfolios aufbauen
- Hohe Schlagzahl erreichen
- Andere beeindrucken
- „Reich werden"

Was professionelle Investoren tun:

- Stabilen Cashflow sichern
- Funktionierende Prozesse etablieren
- Rücklagen bilden
- Mentale Ruhe bewahren
- Vermögen aufbauen

Erst wenn ein Objekt trägt, darf das nächste kommen. „Tragen" heißt nicht „ist vermietet". Es heißt: läuft stabil, baut Rücklagen auf, verursacht keine Anspannung. Das ist der Unterschied zwischen Portfolio und Pulverfass.

> „Aber ich will doch schneller vorankommen!" – Verstehe ich. Aber schneller vorankommen bedeutet nicht, mehr Objekte zu kaufen. Es bedeutet, *bessere* Objekte zu kaufen. Und bessere Objekte erkennst du nur, wenn du Zeit und Ruhe hast.

13.3 Wann sich das nächste Objekt lohnt

Die Frage ist nicht: „Kann ich mir das nächste Objekt leisten?" Die Frage ist: „Sollte ich das nächste Objekt kaufen?" Das sind zwei völlig unterschiedliche Fragen. Die erste ist eine Rechnung. Die zweite ist eine Strategie.

01

Das erste Objekt ist stabil vermietet

Nicht „gerade vermietet", sondern **stabil**. Der Mieter zahlt seit mehreren Monaten zuverlässig, es gibt keine offenen Baustellen, keine Dramen.

02

Sanierung ist abgeschlossen

Alle geplanten Arbeiten sind erledigt. Keine offenen Rechnungen, keine halbfertigen Baustellen, keine „Ich mach das am Wochenende"-Listen.

03

Rücklagen wurden gebildet

Nicht „geplant", sondern **gebildet**. Das Geld liegt auf einem separaten Konto. Bereit für den ersten Notfall.

04

Die Finanzierung läuft sauber

Alle Raten werden pünktlich gezahlt. Keine Liquiditätsengpässe, keine nächtlichen Sorgen wegen Kontostand.

Wenn diese vier Punkte erfüllt sind, darfst du über das nächste Objekt nachdenken. Nicht vorher. Auch nicht, wenn der Markt gerade laut ist, andere schneller wirken oder du Angst hast, etwas zu verpassen.

Wann du NICHT das nächste Objekt kaufen solltest

✕ „Ich habe Angst, etwas zu verpassen"

FOMO (Fear of Missing Out) ist kein Investmentkriterium. Es ist ein emotionaler Trigger, der zu teuren Fehlentscheidungen führt.

✕ „Der Markt ist gerade günstig"

Der Markt ist immer irgendwo günstig. Und wenn er es nicht ist, wartest du. Timing ersetzt keine Substanz.

✕ „Andere haben schon fünf Objekte"

Immobilien sind kein Wettbewerb. Es gibt keine Medaille für „Schnellster Investor". Aber es gibt Insolvenz für „Übernommener Investor".

✕ „Die Bank gibt mir noch einen Kredit"

Nur weil die Bank Ja sagt, heißt das nicht, dass du Ja sagen solltest. Banken verkaufen Kredite. Du trägst das Risiko.

Timing ist wichtig. Aber ein stabiles Fundament ist wichtiger. Immer.

13.4 Die Lernkurve nutzen

Mit jedem Objekt sinkt die Fehlerquote. Mit jedem Objekt steigt die Verhandlungssicherheit. Mit jedem Objekt verbessert sich das Bankenvertrauen. Das ist die Lernkurve – und sie ist dein größter Hebel. Nicht Geld. Nicht Eigenkapital. Sondern Erfahrung.

1

Objekt 1: Lernen

Alles ist neu. Du machst Fehler. Das ist normal. Wichtig: Die Fehler sind klein genug, dass du sie überlebst.

Objekt 2: Optimieren

Du wiederholst, was funktioniert hat. Du vermeidest, was nicht funktioniert hat. Die Fehlerquote sinkt.

3

Objekt 3: Systematisieren

Du entwickelst Routinen. Checklisten. Prozesse. Banken vertrauen dir mehr. Verkäufer nehmen dich ernster.

∞

Ab Objekt 4: Skalieren

Du kopierst dein funktionierendes System. Änderst nur Details. Das Risiko sinkt weiter. Die Effizienz steigt.

Banken reagieren anders, wenn du bereits ein Objekt hältst, es stabil läuft und die Zahlen nachvollziehbar sind. Erfahrung ist ein Kreditfaktor – auch wenn er nicht im Formular steht. Aber er steht zwischen den Zeilen. Und Banken lesen zwischen den Zeilen.

Was Banken wirklich bewerten

Offizielles Kriterium	Was die Bank wirklich denkt
Bonität	„Kann der Kunde Schulden bedienen?"
Eigenkapital	„Hat der Kunde Sicherheitsreserven?"
Objektwert	„Können wir das Objekt im Notfall verkaufen?"
Erfahrung	**„Hat der Kunde schon mal bewiesen, dass er es kann?"**

Erfahrung ist der unsichtbare Faktor, der oft mehr wiegt als formale Kriterien. Und dieser Faktor wächst mit jedem Objekt. Automatisch. Kostenlos. Unbezahlbar.

13.5 Wiederholen statt neu erfinden

Erfolgreiche Investoren kopieren ihre funktionierenden Modelle. Sie ändern nur Details. Sie bleiben in bekannten Regionen. Sie wiederholen, was funktioniert. Das ist nicht langweilig – das ist professionell.

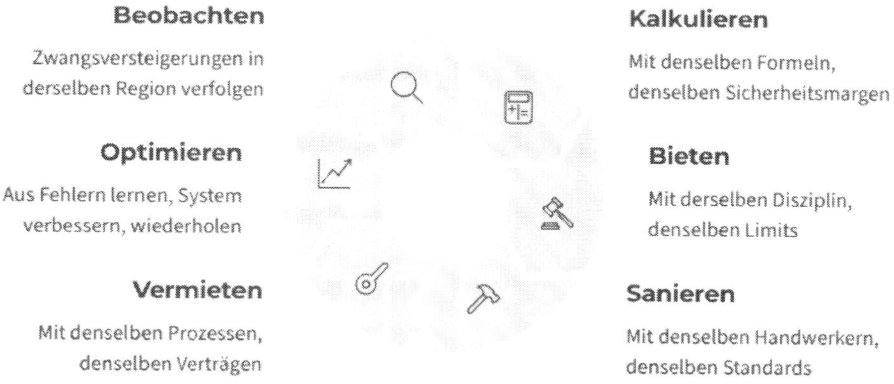

Das reduziert Risiko, Aufwand und Überraschungen. Skalierung heißt: Gleiches System – mehrere Male. Nicht: Jedes Mal etwas Neues ausprobieren und hoffen, dass es funktioniert.

Beispiel: Systematische Skalierung

Investor A: Experimentell

- Objekt 1: Zwangsversteigerung, Stadt A
- Objekt 2: Privatverkauf, Stadt B
- Objekt 3: Neubau, Stadt C
- Objekt 4: Denkmal, Stadt D

Ergebnis: Vier verschiedene Systeme, vier verschiedene Märkte, vier verschiedene Risiken. Hoher Stress, mittlere Rendite.

Investor B: Systematisch

- Objekt 1: Zwangsversteigerung, Stadt A
- Objekt 2: Zwangsversteigerung, Stadt A
- Objekt 3: Zwangsversteigerung, Stadt A
- Objekt 4: Zwangsversteigerung, Stadt A

Ergebnis: Ein System, ein Markt, kalkulierbare Risiken. Niedriger Stress, hohe Rendite.

Investor B hat weniger Abwechslung. Aber mehr Erfolg. Weil Abwechslung kein Renditefaktor ist. Wiederholung schon.

13.6 Typische Fehler beim Wachsen

Die häufigsten Skalierungsfehler passieren nicht aus Unwissenheit – sie passieren aus Ungeduld. Und Ungeduld ist im Immobiliengeschäft kein Charakter-Merkmal. Sie ist ein Risikofaktor.

Zu schnell kaufen

Mehrere Objekte in kurzer Zeit = mehrere Baustellen gleichzeitig = Überforderung garantiert.

Zu große Objekte

Größer heißt nicht besser. Größer heißt mehr Risiko, mehr Kapitalbindung, mehr Komplexität.

Neue Regionen ohne Marktkenntnis

Jede Region hat eigene Mietspiegel, eigene Risiken, eigene Besonderheiten. Lerne sie kennen – oder bleib weg.

Zu knappe Finanzierung

100 % finanzieren klingt verlockend. Ist es auch. Bis die erste Reparatur kommt. Dann wird es teuer.

Fehlende Liquidität

Mehr Objekte = mehr laufende Kosten. Wer keine Liquiditätsreserve hat, wird bei der ersten unerwarteten Ausgabe nervös.

Mehr Objekte bedeuten nicht automatisch mehr Sicherheit. Sie bedeuten oft mehr Komplexität. Und Komplexität ohne System ist gefährlich.

Checkliste: Bereit für das nächste Objekt?

Bevor du das nächste Objekt kaufst, prüfe ehrlich:

- ☐ Ist das aktuelle Objekt stabil vermietet (mind. 6 Monate)?
- ☐ Sind alle Sanierungen abgeschlossen und bezahlt?
- ☐ Wurden Rücklagen gebildet (mind. 3 Monatsmieten)?
- ☐ Läuft die Finanzierung ohne Liquiditätsprobleme?
- ☐ Hast du genug Zeit für ein weiteres Objekt?
- ☐ Hast du Liquiditätsreserven für Unvorhergesehenes?
- ☐ Kennst du die Region des neuen Objekts gut genug?
- ☐ Kaufst du aus Überzeugung, nicht aus FOMO?

Wenn du nicht alle Punkte abhaken kannst: Warte. Beobachte. Baue Stabilität auf. Das nächste gute Objekt kommt. Garantiert. Zwangsversteigerungen finden jede Woche statt. Dein Fundament baust du nur einmal.

13.7 Warum Geduld ein Renditefaktor ist

Geduld ist keine Tugend. Sie ist eine Waffe. Eine sehr effektive Waffe. Im Immobiliengeschäft schlägt Geduld fast jeden anderen Faktor – außer vielleicht Wissen. Aber Wissen ohne Geduld ist wertlos.

Geduld senkt Kaufpreise

Wer wartet, zahlt weniger. Nicht weil der Markt fällt, sondern weil er nicht unter Druck bieten muss.

Geduld verbessert Deals

Wer Zeit hat, kann wählerisch sein. Wer wählerisch ist, kauft bessere Objekte.

Geduld schützt vor Fehlern

Die meisten Fehlkäufe entstehen unter Zeitdruck. Wer Zeit hat, macht weniger Fehler.

Zwangsversteigerungen belohnen Beobachtung, Wiederholung und Disziplin. Nicht Geschwindigkeit. Schnelle Investoren kaufen oft. Geduldige Investoren kaufen gut. Der Unterschied ist nicht subtil. Er ist fundamental.

13.8 Fazit dieses Kapitels

1 **Skalierung ist kein Sprint**

Es ist ein Marathon. Und Marathons gewinnt man nicht mit Geschwindigkeit, sondern mit Ausdauer.

2 **Skalierung ist kein Statussymbol**

Niemand bekommt einen Preis für das größte Portfolio. Aber viele bekommen Probleme dafür.

3 **Skalierung ist kein Wettbewerb**

Immobilien sind keine olympische Disziplin. Es gibt keine Goldmedaille. Nur Rendite oder Verlust.

Skalierung ist ein **Prozess**. Eine **Folge richtiger Entscheidungen**. Das **Ergebnis stabiler Grundlagen**. Der erste Deal ist nicht der wichtigste wegen der Rendite – sondern weil er entscheidet, ob du den zweiten machen kannst. Und der zweite entscheidet über den dritten. Und so weiter.

Im nächsten Kapitel geht es um das größte Hindernis, das nicht im Markt liegt – sondern im Kopf. Denn am Ende scheitern die meisten Immobilienpläne nicht an Zahlen. Sie scheitern an Entscheidungen, die **nicht getroffen** werden.

Kapitel 14: Warum Mut wichtiger ist als Eigenkapital

Am Ende scheitern die meisten Immobilienpläne nicht an Zahlen. Sie scheitern an Entscheidungen, die **nicht getroffen** werden. An Zweifeln, die größer werden als Chancen. An Ängsten, die rationaler wirken als sie sind. Dieses Kapitel beschäftigt sich mit dem Teil, den kein Gutachten abbildet: Angst, Zweifel und mentale Blockaden – und warum Mut hier der entscheidende Faktor ist.

14.1 Angst vor Schulden – ein erlerntes Problem

Viele Menschen wachsen mit einem einfachen Glaubenssatz auf: „Schulden sind schlecht." Das ist verständlich. Nachvollziehbar. Und für Investitionen völlig falsch. Nicht jede Schuld ist gleich. Es gibt einen fundamentalen Unterschied zwischen Schulden, die dich ärmer machen, und Schulden, die für dich arbeiten.

❌ Konsumschulden

Kaufen Dinge, die an Wert verlieren:

- Autos
- Möbel
- Elektronik
- Urlaube

Kosten Geld. Bringen kein Geld. Machen ärmer.

✅ Investitionsschulden

Kaufen Dinge, die Geld bringen:

- Vermietete Immobilien
- Geschäftsausstattung
- Produktionsanlagen
- Werthaltige Assets

Arbeiten mit dir. Bringen Geld. Machen reicher.

Entscheidend ist nicht die Höhe der Schulden, sondern wofür sie eingesetzt werden, ob sie durch Werte gedeckt sind und ob der Cashflow sie trägt. Eine 100.000-€-Schuld für ein Auto ist dumm. Eine 100.000- €-Schuld für eine Immobilie mit positiver Rendite ist klug. Manchmal ist es wirklich so einfach.

Rechtlicher Exkurs: Schulden und Haftung

> **§ 488 Abs. 1 BGB – Darlehensvertrag:** „Durch den Darlehensvertrag wird der Darlehensgeber verpflichtet, dem Darlehensnehmer einen Geldbetrag in der vereinbarten Höhe zur Verfügung zu stellen. Der Darlehensnehmer ist verpflichtet, einen geschuldeten Zins zu zahlen und bei Fälligkeit das zur Verfügung gestellte Darlehen zurückzuzahlen."

Das Gesetz unterscheidet nicht zwischen „guten" und „schlechten" Schulden. Aber Banken tun es. Und erfolgreiche Investoren auch. Wer Schulden verteufelt, versteht nicht, wie Vermögensaufbau funktioniert. Wer Schulden blind eingeht, versteht es auch nicht. Die Wahrheit liegt in der Mitte: **Schulden sind ein Werkzeug**. Wie jedes Werkzeug können sie helfen oder verletzen – je nachdem, wie man sie einsetzt.

14.2 Warum Eigenkapital überschätzt wird

Eigenkapital wird oft als Eintrittskarte gesehen. „Ohne Eigenkapital kannst du nichts machen." Das ist nicht falsch. Aber es ist auch nicht die ganze Wahrheit. Eigenkapital ist ein Faktor von vielen. Und oft nicht mal der wichtigste.

- **Wichtiger:** Disziplin
- **Wichtiger:** Handwerkliche Kompetenz
- **Wichtiger:** Saubere Kalkulation
- **Wichtiger:** Finanzierung mit Puffer
- **Am wichtigsten:** Kaufpreis unter Wert

Ein hoher Eigenkapitaleinsatz ersetzt keine gute Rechnung. Er schützt nicht vor Fehlkäufen. Er macht teure Fehler nur noch teurer. Wer mit 50.000 € Eigenkapital ein überteuerte Immobilie kauft, hat danach eine überteuertes Immobilie – und 50.000 € weniger Eigenkapital.

> „Aber ich brauche doch mindestens 20 % Eigenkapital!" – Banken verlangen das oft. Aber *warum* verlangen sie das? Weil sie Sicherheit wollen. Und wie schaffst du Sicherheit? Durch niedrigen Kaufpreis, nicht durch hohes Eigenkapital.

Rechenbeispiel: Eigenkapital vs. Kaufpreis

Investor A

Objekt: Privatverkauf

Kaufpreis: 120.000 €

Marktwert: 120.000 €

Eigenkapital: 30.000 € (25%)

Kredit: 90.000 €

Sicherheitsmarge: 0 €

Hoher Kapitaleinsatz, keine Sicherheit

Investor B

Objekt: Zwangsversteigerung

Kaufpreis: 80.000 €

Marktwert: 120.000 €

Eigenkapital: 15.000 € (19%)

Kredit: 65.000 €

Sicherheitsmarge: 40.000 €

Weniger Eigenkapital, mehr Sicherheit

Investor B hat weniger Eigenkapital eingesetzt – aber mehr Sicherheit geschaffen. Weil die Sicherheit nicht aus dem Eigenkapital kommt, sondern aus dem Kaufpreis. Das ist der fundamentale Unterschied zwischen „Geld haben" und „Geld richtig einsetzen".

14.3 Banken sind keine Gegner – sie spiegeln nur Risiken

Viele Einsteiger interpretieren Bankrückfragen als Ablehnung. „Die Bank will mich nicht." Das ist Unsinn. Die Bank will ihr Geld zurück. Das ist ihr Job. Ihr einziger Job. Wenn eine Bank zögert, heißt das nicht „Du bist abgelehnt". Es heißt: „Dein Plan hat Schwächen."

Wenn eine Bank zögert, liegt das oft an unklarer Planung, fehlenden Zahlen oder zu optimistischen Annahmen. Das ist kein Angriff – sondern ein Hinweis auf Schwächen im Konzept. Nimm diesen Hinweis ernst. Banken sind wie Frühwarnsysteme: Sie nerven, aber sie retten Leben.

Was Banken wirklich sehen wollen

Dokument	**Was die Bank prüft**
Objektunterlagen	Verkehrswert, Substanz, Lage, Vermietbarkeit
Sanierungsplan	Realistisch? Vollständig? Finanzierbar?
Mietkalkulation	Ortsübliche Miete? Leerstand einkalkuliert?
Finanzierungsplan	Cashflow positiv? Rücklagen gebildet?
Einkommensnachweise	Stabil? Pfändungsfrei? Ausreichend?
Schufa-Auskunft	Sauber? Keine Negativeinträge?

Wenn du diese Unterlagen sauber vorbereitest, wird die Bank nicht dein Gegner – sie wird dein Partner. Nicht aus Nettigkeit. Sondern weil du ihr zeigst, dass du weißt, was du tust.

☐ **§ 18 KWG – Kreditwürdigkeitsprüfung:** Banken sind gesetzlich verpflichtet, die Kreditwürdigkeit zu prüfen. Das ist keine Schikane. Das ist Verbraucherschutz – auch für dich.

14.4 Der Unterschied zwischen Risiko und Unsicherheit

Ein zentraler Denkfehler, der viele Einsteiger lähmt: Sie verwechseln Unsicherheit mit Risiko. Das sind zwei völlig verschiedene Dinge. Und nur einer davon ist ein echtes Problem.

Risiko

- Berechenbar
- Messbar
- Kalkulierbar
- Managebar

Beispiel: „Die Heizung könnte in 5 Jahren kaputtgehen. Kosten: ca. 8.000 €. Rücklagen: 150 €/Monat."

Das ist Risiko. Damit kann man arbeiten.

Unsicherheit

- Unklar
- Diffus
- Emotional
- Lähmend

Beispiel: „Ich weiß nicht, wie Zwangsversteigerungen funktionieren. Was, wenn ich etwas übersehe? Was, wenn...?"

Das ist Unsicherheit. Sie entsteht durch Unwissen.

Zwangsversteigerungen wirken unsicher, weil sie ungewohnt sind. Mit Wissen wird Unsicherheit kleiner. Mit Erfahrung wird Risiko kalkulierbar. Mit Disziplin wird Entscheidung möglich. Das ist der Weg vom gelähmten Beobachter zum handelnden Investor.

Übung: Unsicherheit in Risiko umwandeln

Nimm eine deiner größten Ängste und mach daraus eine Rechnung:

01

Angst benennen

„Was, wenn die Sanierung teurer wird als geplant?"

02

Worst Case definieren

„Die Sanierung kostet 20.000 € statt 15.000 €."

03

Wahrscheinlichkeit schätzen

„Bei guter Planung und Puffer: 10–20 % Wahrscheinlichkeit."

04

Absicherung planen

„Liquiditätsreserve von 10.000 € vorhalten. Dann ist das Problem gelöst."

Aus „Ich habe Angst vor Mehrkosten" wird „Ich kalkuliere mit 20 % Puffer und halte Liquidität vor". Das ist der Unterschied zwischen Lähmung und Handlung. Zwischen Zuschauer und Investor.

14.5 Warum viele Einsteiger ewig „vorbereitet" bleiben

Ein verbreitetes Muster: lesen, vergleichen, rechnen, warten. Noch ein Buch. Noch ein Podcast. Noch eine Exceltabelle. Was fehlt? Der erste Schritt. Perfekte Sicherheit gibt es nicht. Wer sie erwartet, kauft nie. Und wer nie kauft, wird nie erfahren, ob es funktioniert hätte.

Der Unterschied zwischen Zuschauern und Investoren ist nicht Wissen – es ist Entscheidung. Zuschauer wissen oft mehr. Sie haben mehr Bücher gelesen, mehr Podcasts gehört, mehr Kalkulationen gemacht. Aber sie haben eine Entscheidung weniger getroffen: Anfangen.

1 – Monat 1–3
„Ich muss mich erst informieren."

2 – Monat 4–6
„Ich muss noch mehr Bücher lesen."

3 – Monat 7–12
„Ich bin noch nicht bereit."

4 – Jahr 2
„Der Markt ist gerade ungünstig."

5 – Jahr 3
„Vielleicht nächstes Jahr."

6 – Jahr 5
„Hätte ich damals..."

Der Perfektionismus-Trugschluss

> „Ich warte noch auf das perfekte Objekt."
>
> „Ich will erst 30.000 € Eigenkapital haben."
>
> „Ich muss vorher noch drei Bücher lesen."

Das klingt vernünftig. Ist es aber nicht. Denn während du wartest, passiert folgendes:

- Der Markt entwickelt sich weiter – ohne dich
- Andere kaufen die guten Objekte – vor dir
- Du sammelst theoretisches Wissen – aber keine Erfahrung
- Deine Angst wird größer – nicht kleiner

Das perfekte Objekt gibt es nicht. Es gibt nur Objekte mit unterschiedlichen Risiken. Und Risiken sind managebar – wenn man anfängt. Nicht vorher.

14.6 Mut heißt nicht Leichtsinn

Mut bedeutet nicht blind kaufen, Risiken ignorieren oder auf Glück hoffen. Mut bedeutet: trotz Restrisiko zu handeln – mit vorbereitetem Kopf und klaren Grenzen. Das ist der Unterschied zwischen mutig und dumm.

✗ Leichtsinn

„Ich kaufe einfach. Wird schon gutgehen."

Ergebnis: Teure Fehler, Überforderung, Verluste.

☑ Mut

„Ich habe mich vorbereitet, gerechnet, ein Limit gesetzt. Jetzt kaufe ich."

Ergebnis: Kalkulierte Risiken, Lernerfahrung, Fortschritt.

Ein diszipliniertes Limit schützt besser als Zögern. Es verhindert emotionale Fehlentscheidungen. Es gibt dir die Freiheit, Nein zu sagen – auch wenn andere Ja sagen. Und diese Freiheit ist der wahre Unterschied zwischen kontrolliertem Mut und blindem Leichtsinn.

Mut in der Praxis: Das Bieter-Limit

Beispiel aus einer Zwangsversteigerung:

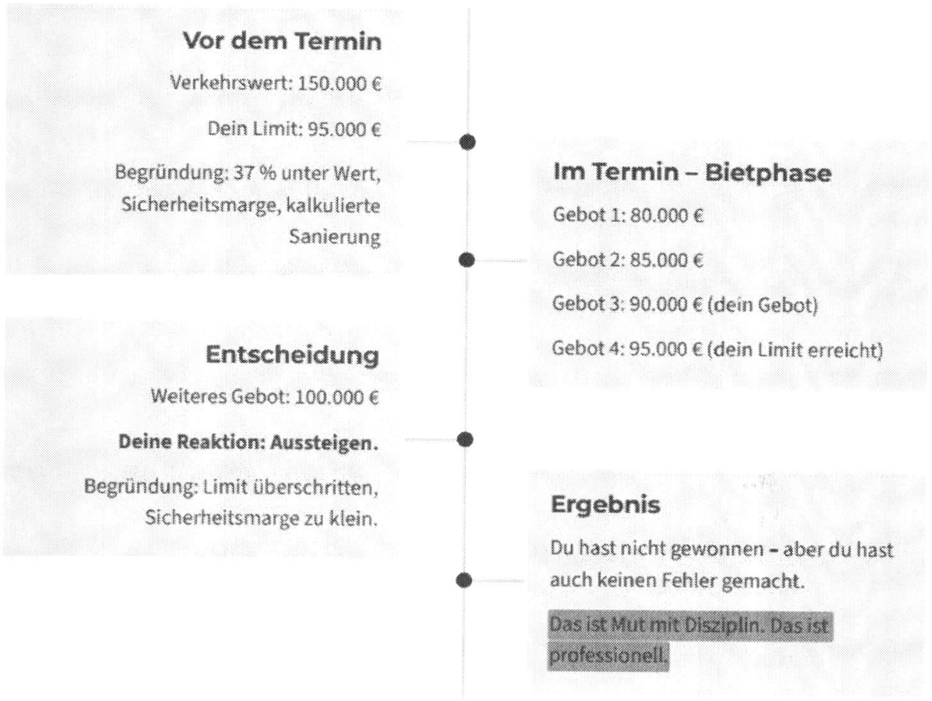

Der andere Bieter hat vielleicht „Mut" gezeigt – oder Leichtsinn. Du hast Disziplin gezeigt. Und Disziplin gewinnt langfristig. Immer.

14.7 Warum kleine Schritte oft die besseren sind

Der erste Deal muss nicht perfekt sein. Er muss nicht maximal sein. Er muss nicht spektakulär sein. Er muss drei Dinge: funktionieren, tragfähig sein und Erfahrung liefern. Alles andere ist Bonus.

60K€

Kaufpreis erstes Objekt

Durchschnitt bei erfolgreichen Einsteigern

45m²

Wohnfläche

Kleine, überschaubare Einheit

6-8

Monate bis Vermietung

Inklusive Sanierung und Suche

4-6%

Rendite p.a.

Realistisch, nicht spektakulär

Diese Zahlen sind nicht beeindruckend. Sie sind auch nicht Instagram-würdig. Aber sie sind **stabil**. Und Stabilität beim ersten Deal ist wichtiger als Rendite. Denn der erste Deal entscheidet nicht über deinen Reichtum – er entscheidet über deine Zukunft als Investor.

Warum klein starten klug ist

Vorteile kleiner Objekte

- Geringerer Kapitalbedarf
- Überschaubare Sanierung
- Schnellere Vermietung
- Kleinere Fehlerkosten
- Mehr Lerneffekt pro Euro

Risiken großer Objekte

- Hoher Kapitalbedarf
- Komplexe Sanierung
- Längere Vermarktung
- Teure Fehler
- Überforderung möglich

Empfehlung

Start mit 40–70 m² Wohnung in Kleinstadt

Kaufpreis: 50.000–80.000 €

Sanierung: 10.000–20.000 €

Miete: 400–600 €

Überschaubar, machbar, lehrreich

Mut zeigt sich oft darin, nicht zu groß zu starten. In der Zurückhaltung, wenn andere groß denken. In der Disziplin, klein anzufangen und groß zu enden – statt umgekehrt.

14.8 Fazit dieses Kapitels

1

Eigenkapital ist hilfreich

Aber nicht entscheidend. Entscheidend ist, wie du es einsetzt.

2

Wissen ist notwendig

Aber nicht ausreichend. Ohne Handeln bleibt es wertlos.

3

Mut ist entscheidend

Denn ohne Mut bleibt alles Theorie, jede Rechnung abstrakt, jede Chance ungenutzt.

Mut ist kein Gefühl – er ist eine **Entscheidung**. Die Entscheidung, trotz Restrisiko zu handeln. Die Entscheidung, aus der Beobachterrolle in die Handlungsrolle zu wechseln. Die Entscheidung, anzufangen – auch wenn nicht alles perfekt ist.

Im letzten Kapitel geht es darum, diese Entscheidung einzuordnen: wo dein Weg wirklich beginnt – und warum er selten dort startet, wo andere ihn vermuten.

Kapitel 15: Dein Weg beginnt nicht in Berlin, sondern mit Wissen

Immobilienerfolg beginnt selten dort, wo die meisten hinschauen. Er beginnt dort, wo **weniger Konkurrenz, mehr Struktur** und **klare Regeln** herrschen. Dieses Buch wollte dir nichts verkaufen. Keine Träume. Keine Abkürzungen. Keine Versprechen, die niemand halten kann. Es wollte dir zeigen, **wie** man Immobilien rational angeht – wenn Eigenkapital begrenzt ist und Rendite zählen muss.

15.1 Warum Wissen der wahre Startpunkt ist

Nicht Geld entscheidet über deinen Einstieg. Es ist Verständnis für Märkte, Kenntnis von Regeln und saubere Kalkulation. Zwangsversteigerungen sind kein Geheimwissen. Sie sind öffentlich, geregelt und für jeden zugänglich – nach § 15 ZVG ist die Teilnahme an Versteigerungsterminen grundsätzlich öffentlich.

Der Zugang ist gleich

Jeder kann Termine einsehen, Gutachten lesen, Gebote abgeben. Die rechtlichen Rahmenbedingungen sind für alle identisch.

Der Unterschied entsteht beim Umgang

Nicht beim Zugang zur Information, sondern bei der Verarbeitung. Bei der Bewertung. Bei der Entscheidung.

Wissen schlägt Kapital

100.000 € ohne Wissen = teure Fehler. 10.000 € mit Wissen = kluge Entscheidungen und systematischer Aufbau.

Wissen ist kein Hindernis. Es ist der Zugang. Wer wartet, bis er „genug Eigenkapital" hat, wartet oft umsonst. Wer anfängt mit Wissen, findet Wege.

15.2 Der Vorteil liegt nicht im Objekt, sondern im Preis

Dieses Buch hat immer wieder gezeigt: Rendite entsteht beim Kauf. Nicht durch Lagefantasien, nicht durch Marktzyklen, nicht durch Hoffnung. Sondern durch Kaufpreise deutlich unter Wert, Sicherheitsmargen und strukturelle Vorteile.

Zwangsversteigerungen bieten genau das – wenn man bereit ist, anders zu denken. Nicht spektakulär. Nicht glamourös. Aber strukturiert. Und Struktur schlägt Spekulation. Jeden Tag.

Zusammenfassung: Wo echte Rendite entsteht

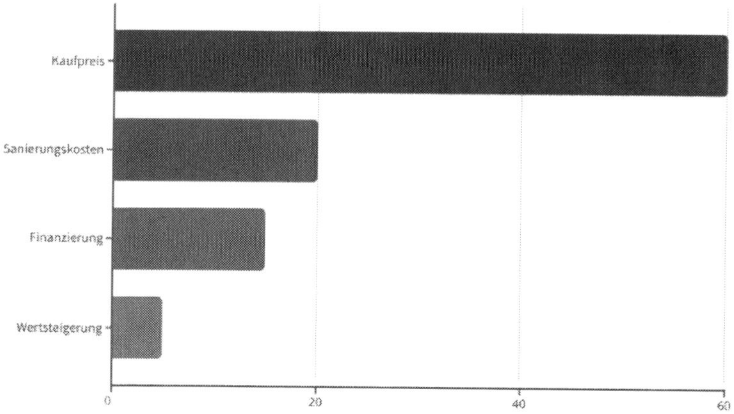

Die Zahlen lügen nicht: Der mit Abstand größte Hebel liegt beim Kaufpreis. Wer hier spart, gewinnt. Wer hier zu viel zahlt, verliert – egal wie gut die Lage ist, egal wie schön die Wohnung wird.

15.3 Warum Klein- und Mittelstädte kein Nachteil sind

Großstädte bieten Aufmerksamkeit, Schlagzeilen und Wettbewerb. Klein- und Mittelstädte bieten bessere Relationen, weniger Bieter und höhere Renditechancen. Nicht jede Stadt muss wachsen. Sie muss funktionieren.

Großstädte

- Hohe Kaufpreise
- Viele Bieter
- Geringe Renditen (2–4 %)
- Hoher Wettbewerb
- Komplexe Regularien

Viel Aufmerksamkeit, wenig Rendite

Klein-/Mittelstädte

- Moderate Kaufpreise
- Weniger Bieter
- Höhere Renditen (5–8 %)
- Überschaubarer Markt
- Einfachere Strukturen

Wenig Aufmerksamkeit, solide Rendite

Der Fehler vieler Einsteiger: Sie denken in Prestige statt in Rendite. Sie wollen ein Objekt „in guter Lage" – statt ein Objekt mit guter Rechnung. Das eine bringt Status. Das andere bringt Geld. Du entscheidest, was wichtiger ist.

Checkliste: Funktioniert die Stadt?

☐ Prüfe vor dem Kauf in Klein-/Mittelstädten:

- ☐ Gibt es stabile Arbeitgeber in der Region?
- ☐ Liegt die Leerstandsquote unter 5 %?
- ☐ Sind Infrastruktur und Verkehrsanbindung vorhanden?
- ☐ Gibt es eine Bevölkerung im erwerbsfähigen Alter?
- ☐ Ist die Mietrendite über 5 %?
- ☐ Findest du in 2 Wochen einen Handwerker?
- ☐ Kannst du das Objekt in 90 Tagen vermieten?

Wenn du mindestens 5 von 7 Punkten mit Ja beantworten kannst, funktioniert die Stadt. Sie muss nicht wachsen. Sie muss nicht hip sein. Sie muss nur funktionieren.

15.4 Was dieses Buch bewusst nicht getan hat

Dieses Buch hat nicht motiviert ohne Inhalt. Es hat keine Abkürzungen versprochen. Es hat keine Einzelfälle als Garantie verkauft. Es hat erklärt, gerechnet und eingeordnet. Denn Immobilien sind kein Spiel, kein Hype und kein Wettlauf.

> „Keine Motivationsfloskeln – nur Fakten und Rechenwege, die nachvollziehbar sind."

> „Keine Get-Rich-Quick-Versprechen – nur realistische Zeitrahmen und konservative Annahmen."

> „Keine Heldengeschichten – nur Systeme, die wiederholbar sind."

Das war Absicht. Denn du brauchst keine Motivation. Du brauchst Wissen. Motivation vergeht nach drei Wochen. Wissen bleibt.

15.5 Dein nächster Schritt ist keine Theoriefrage

Du weißt jetzt: wie Zwangsversteigerungen funktionieren (§§ 15 ff. ZVG), wie Preise entstehen, wie Finanzierung gedacht wird und wo Rendite herkommt. Die offene Frage ist nicht: „Kann das funktionieren?" Sondern: „Wann fange ich an?"

Heute

Erste Versteigerungstermine recherchieren (justiz.de, zvg-portal.de)

Diese Woche

Erstes Gutachten durcharbeiten, Kalkulation üben

Diesen Monat

Ersten Termin besuchen (nur beobachten, nicht bieten)

In 3 Monaten

Erstes Bankgespräch führen, Finanzierungsrahmen klären

In 6 Monaten

Erstes Gebot abgeben (mit klarem Limit!)

Das ist kein starrer Plan. Es ist ein realistischer Zeitrahmen. Passe ihn an deine Situation an. Aber weiche nicht zu sehr ab. Denn „irgendwann" wird oft zu „nie".

15.6 Ein realistischer Startpunkt

Ein sinnvoller nächster Schritt ist nicht sofort kaufen – sondern: Beobachtung, Übung, Routine. Wer vorbereitet ist, erkennt Chancen, wenn andere nur Risiken sehen. Und das ist der ganze Unterschied.

01

Termine verfolgen

3 Monate lang wöchentlich Termine checken. Gespür für Preise entwickeln. Muster erkennen.

02

Gutachten lesen

Mindestens 20 Gutachten komplett durcharbeiten. Lernen, wo die wichtigen Infos stehen.

03

Rechnungen wiederholen

Für jedes Objekt: Kalkulation durchführen. Auch wenn du nicht bietest. Übung macht den Meister.

04

Termine besuchen

Erst beobachten. Verstehen, wie Ablauf funktioniert. Atmosphäre kennenlernen. Dann bieten.

Dieser Weg ist nicht glamourös. Aber er funktioniert. Denn am Ende gewinnen nicht die Mutigen, die Schnellen oder die Kapitalstarken. Es gewinnen die Vorbereiteten.

Übungsaufgabe für die nächsten 30 Tage

Deine Challenge:

Tag 1–7: Suche fünf aktuelle Zwangsversteigerungstermine in deiner Region

Tag 8–14: Lade fünf Gutachten herunter und lies sie komplett

Tag 15–21: Erstelle für drei Objekte eine vollständige Kalkulation

Tag 22–30: Besuche einen Versteigerungstermin (nur beobachten!)

Nach diesen 30 Tagen weißt du mehr über Zwangsversteigerungen als 95 % der Menschen, die „irgendwann mal" in Immobilien investieren wollen. Das ist der Unterschied zwischen Vorsatz und Praxis. Zwischen Theorie und Erfahrung. Zwischen Zuschauer und Investor.

15.7 Abschließende Klarheit

Dein Weg beginnt nicht mit einer Stadt, nicht mit einem Objekt, nicht mit einem Kredit. Er beginnt mit Wissen, mit Zahlen und mit der Bereitschaft, Verantwortung zu übernehmen. Wenn du dieses Buch bis hierher gelesen hast, gehst du diesen Weg bereits. Nicht laut. Nicht spektakulär. Aber strukturiert – und genau das ist der entscheidende Unterschied.

Wissen ersetzt Kapital

100.000 € ohne Wissen = Risiko. 10.000 € mit Wissen = Chance.

Struktur schlägt Spekulation

Wiederholbare Systeme gewinnen langfristig. Immer.

Geduld ist ein Renditefaktor

Wer warten kann, kauft besser. Wer warten kann, verdient mehr.

Mut ist eine Entscheidung

Keine Emotion. Keine Hoffnung. Sondern bewusste Entscheidung zu handeln.

Die Wahrheit über Immobilien

Immobilien machen nicht über Nacht reich. Sie erfordern Arbeit, Geduld und manchmal Nerven. Aber sie sind eines der wenigen Investments, die:

Greifbar sind

Du kannst sie anfassen, renovieren, verbessern. Sie sind real, nicht abstrakt wie Aktien oder Krypto.

Cashflow generieren

Monatliche Miete, regelmäßige Einnahmen, planbare Liquidität. Das gibt Sicherheit.

Fremdfinanzierung erlauben

Mit 10.000 € ein 100.000-€-Objekt kaufen? Bei Immobilien möglich. Bei fast nichts sonst.

Wertsteigerung bieten

Nicht garantiert, aber wahrscheinlich. Langfristig. Als Bonus, nicht als Basis.

Wissen ist der Anfang. Mut ist der Schritt. Disziplin ist der Weg.

Wenn du dieses Buch bis hierher gelesen hast, hast du bereits mehr getan als 90 % der Menschen, die „irgendwann mal" in Immobilien investieren wollen. Du hast dir Wissen angeeignet. Du hast Zusammenhänge verstanden. Du kennst die Werkzeuge.

Was jetzt fehlt, ist nur noch eins: **Der erste Schritt**.

Dieser Schritt wird nicht perfekt sein. Er wird vielleicht auch nicht sofort erfolgreich sein. Aber er wird der wichtigste sein. Denn er unterscheidet dich von allen, die es „irgendwann" machen wollen – und es nie tun.

Impressum

Autor:
Michael Kuntze
Staatlich geprüfter Techniker
Immobilieninvestor

Herausgeber:
PRIXUS Bau- & Immobilien UG (haftungsbeschränkt)
handelnd unter der Marke PRIXUS Utilities

Anschrift:
Ernst-Thälmann-Straße 43
06780 Zörbig
Deutschland

Kontakt:
E-Mail: info@prixus.de

Veröffentlichung

Dieses Buch erscheint im **Selbstverlag** des Herausgebers. Vertrieb und Auslieferung erfolgen über die Plattform **Amazon Kindle Direct Publishing (KDP)**.

Urheberrecht

Rechtlicher Hinweis

Die Inhalte dieses Buches dienen ausschließlich der allgemeinen Information und stellen **keine Rechts-, Steuer- oder Anlageberatung** dar. Weitere Hinweise zur Haftungsbeschränkung sind dem gesonderten Haftungsausschluss im Buch zu entnehmen.

Hinweis zur Sprachform

Aus Gründen der besseren Lesbarkeit wird in diesem Buch teilweise auf die gleichzeitige Verwendung mehrerer Sprachformen verzichtet. Alle Personenbezeichnungen gelten gleichermaßen für alle Geschlechter.

PRIXUS Utilities Ratgeber

www.prixus.de

Bonuskapitel 16: Immobilien kaufen mit wenig oder keinem Eigenkapital – realistisch erklärt

Dieses Kapitel ist heikel. Nicht, weil es unmöglich wäre – sondern weil es oft falsch erklärt wird. Hier gibt es keine Zaubertricks, keine versteckten Banklücken und schon gar keine „kostenlosen Immobilien". Stattdessen sprechen wir über saubere Hebelwirkung bei extrem niedrigem Kaufpreis. Das klingt zunächst abstrakt, ist aber der einzige Weg, der wirklich funktioniert – und zwar legal, nachvollziehbar und von Banken akzeptiert.

Die gute Nachricht: Es ist machbar. Die weniger gute: Es erfordert Disziplin, Geduld und ein tiefes Verständnis dafür, wie Banken denken und rechnen. Wer glaubt, hier ginge es um einen schnellen Trick, wird enttäuscht. Wer aber bereit ist, die Mechanismen zu verstehen, findet hier einen realistischen Weg zum Immobilienkauf – auch mit sehr wenig Startkapital.

16.1 Die Grundidee: Sicherheit schlägt Eigenkapital

Banken vergeben Kredite nicht aus Sympathie oder weil sie von Ihrer Motivation beeindruckt sind. Sie vergeben Kredite, weil sie **Sicherheiten** haben. Punkt. Ihr Eigenkapital ist dabei nur ein Faktor von vielen – und oft nicht einmal der wichtigste.

Der entscheidende Hebel liegt woanders: **Kaufpreis deutlich unter Verkehrswert**. Wenn Sie eine Immobilie für 10.000 € kaufen, die laut Gutachten 100.000 € wert ist, haben Sie der Bank eine Sicherheitsmarge von 90.000 €

geschenkt. Genau diese Marge ist der Grund, warum Banken bereit sind, Ihnen Geld zu leihen – auch wenn Ihr Eigenkapital gegen Null geht.

Rechtlich ist diese Praxis durch § 18 Pfandbriefgesetz (PfandBG) und die Beleihungswertermittlungsverordnung (BelWertV) geregelt. Banken dürfen nur bis zu einem bestimmten Prozentsatz des „nachhaltigen Wertes" finanzieren. Dieser nachhaltige Wert ist nicht der Kaufpreis, sondern der langfristig erzielbare Verkehrswert. Das ist Ihr Vorteil.

16.2 Das Ausgangsbeispiel (konservativ gerechnet)

Objektdaten

- Verkehrswert laut Gutachten: **V = 100.000 €**
- Zuschlag im zweiten Termin: **K = 10.000 €**
- Objekt: sanierungsbedürftig
- Lage: Klein- oder Mittelstadt
- Gutachten: bankfähig erstellt

Dieses Beispiel ist nicht aus der Luft gegriffen. Solche Objekte gibt es regelmäßig in Zwangsversteigerungen – wenn man geduldig ist und den zweiten Termin nutzt.

Warum dieser Deal funktioniert

Die Differenz zwischen Kaufpreis (10.000 €) und Verkehrswert (100.000 €) beträgt **90.000 €**. Diese Differenz ist Ihre Verhandlungsmasse mit der Bank. Sie zeigt: Selbst wenn alles schiefgeht, hat die Bank noch enormen Spielraum.

Ein Tipp aus der Praxis: Banken lieben Gutachten, die nach § 194 BauGB erstellt wurden. Diese haben vor Gericht Bestand und gelten als besonders verlässlich. Wenn Sie so ein Gutachten vorlegen können, steigen Ihre Chancen erheblich.

> **Humor-Einschub:** Falls Sie sich fragen, warum die Bank bei 10.000 € Kaufpreis nicht einfach „Super, hier ist Ihr Geld!" sagt: Banken sind keine Wohltätigkeitsorganisationen. Sie wollen Zinsen verdienen – und zwar über viele Jahre. Ihr niedriger Kaufpreis ist für die Bank der perfekte Anreiz: hohes Volumen, niedriges Risiko. Win-win.

16.3 Finanzierung nach Banklogik (60-%-Beleihung)

Jetzt wird es konkret. Banken arbeiten mit dem sogenannten **Beleihungsauslauf**. Das ist das Verhältnis zwischen Kreditbetrag und Verkehrswert. Ein konservativer Standardansatz liegt bei 60 % des Verkehrswerts - manche Banken gehen auch bis 70 % oder 80 %, aber für unser Beispiel bleiben wir bei 60 %, weil das am sichersten ist.

01

Verkehrswert ermitteln

V = 100.000 € (laut bankfähigem Gutachten)

02

Beleihungsgrenze berechnen

B = 0,6 × V = 0,6 × 100.000 € = 60.000 €

03

Kreditrahmen festlegen

Die Bank ist bereit, bis zu 60.000 € zu finanzieren

Warum 60 %? Diese Grenze ist historisch gewachsen und in der Bankenpraxis fest verankert (siehe § 14 PfandBG für Pfandbriefbanken). Sie soll sicherstellen, dass die Bank selbst bei einem Wertverlust von 40 % noch keinen Verlust erleidet. In unserem Beispiel könnte die Immobilie also auf 60.000 € fallen, und die Bank wäre immer noch abgesichert.

Das Schöne daran: Der Beleihungsauslauf bezieht sich auf den **Verkehrswert**, nicht auf den Kaufpreis. Sie zahlen 10.000 €, die Bank finanziert aber auf Basis von 100.000 €. Das ist der Kern des gesamten Modells.

16.4 Mittelverwendung – was wirklich passiert

Jetzt kommt der entscheidende Punkt, der oft falsch verstanden wird. Sie haben 60.000 € Kreditrahmen. Das bedeutet aber nicht, dass Sie sich einen Sportwagen kaufen können. Die Bank will wissen, wofür jeder Cent verwendet wird - und zwar im Detail.

1

Kaufpreis

K = 10.000 €

Der Zuschlag im zweiten Termin

2

Kaufnebenkosten

≈ 2.000–3.000 €

Grunderwerbsteuer, Gerichtskosten, Grundbuch

3

Verfügbares Darlehen

≈ 47.000–48.000 €

Für Sanierung, Modernisierung, Reserve

Die Kaufnebenkosten sind je nach Bundesland unterschiedlich (Grunderwerbsteuer zwischen 3,5 % und 6,5 %), aber realistisch sollten Sie mit 10–15 % des Kaufpreises rechnen. Bei 10.000 € Kaufpreis sind das etwa 1.000–1.500 € Grunderwerbsteuer plus Gerichts- und Notarkosten.

> **Rechtlicher Hinweis:** Nach § 1 GrEStG ist die Grunderwerbsteuer fällig, sobald der Kaufvertrag wirksam wird. Bei Zwangsversteigerungen gilt der Zuschlag als Kaufvertrag (§ 90 ZVG). Planen Sie diese Kosten also vom ersten Tag an ein.

Was bleibt, sind rund 47.000–48.000 €. Klingt nach viel Geld – ist es auch. Aber es ist **zweckgebundenes Fremdkapital**, kein Geschenk.

16.5 Was mit dem „Restbetrag" möglich ist – und was nicht

❌ NICHT erlaubt

- Freies Einkommen / Entnahme
- Luxuskäufe oder Konsumausgaben
- Investitionen außerhalb der Immobilie
- „Belohnung" für den guten Deal

Banken prüfen die Mittelverwendung genau. Wer Geld zweckentfremdet, riskiert die Kündigung des Darlehens nach § 490 Abs. 1 BGB (Wegfall der Geschäftsgrundlage).

✅ Zulässig und sinnvoll

- Sanierung und Modernisierung
- Instandsetzung (Dach, Heizung, Fenster)
- Sicherheitsreserve für Unvorhergesehenes
- Nebenkosten bis zur Vermietung
- Zwischenfinanzierung laufender Kosten

Erstellen Sie eine detaillierte Kostenaufstellung und legen Sie diese der Bank vor. Je transparenter, desto besser.

Ein Beispiel aus der Praxis: Sie kaufen die Immobilie für 10.000 €, investieren 30.000 € in eine Sanierung (neues Dach, neue Heizung, Badsanierung) und haben noch 17.000 € Reserve für unvorhergesehene Kosten und laufende Ausgaben bis zur ersten Miete. Das ist ein solider, nachvollziehbarer Plan – und genau das, was Banken sehen wollen.

16.6 Die reale Vermögens- und Risikostruktur nach dem Kauf

Nach Abschluss aller Transaktionen sieht Ihre Bilanz so aus:

100K
Immobilienwert
Laut Gutachten nach Sanierung

60K
Darlehen
Aufgenommener Kreditbetrag

60%
Beleihungsauslauf
Verhältnis Kredit zu Wert

40K
Eigenkapital (theoretisch)
Ihre Sicherheitsmarge

Das bedeutet konkret: Sie haben **40.000 € Puffer**. Selbst wenn die Immobilie im Wert auf 80.000 € fällt, haben Sie noch 20.000 € Spielraum. Das ist der Grund, warum dieses Modell so sicher ist – für Sie und für die Bank.

Hohoher Puffer bedeutet auch:

- Geringe Bankrisiken → günstigere Zinsen möglich
- Gute Nachfinanzierungsoptionen → falls Sie später noch investieren wollen
- Hohe Fehlertoleranz → Luft für Planungsfehler oder unerwartete Kosten

> 🗆 **Humor-Einschub:** 40.000 € Sicherheitsmarge klingen nach viel – sind aber auch nötig. Denn Murphy's Law gilt gerade bei Immobilien mit eiserner Härte: Wenn etwas schiefgehen kann, wird es schiefgehen. Und zwar am Wochenende. Bei Regen. Und der Handwerker ist im Urlaub.

16.7 Warum das mit wenig oder keinem Eigenkapital funktionieren kann

Die zentrale Frage ist: Warum akzeptiert eine Bank dieses Modell überhaupt? Die Antwort liegt in der Kombination mehrerer Faktoren, die zusammen ein nahezu risikoloses Szenario für die Bank schaffen.

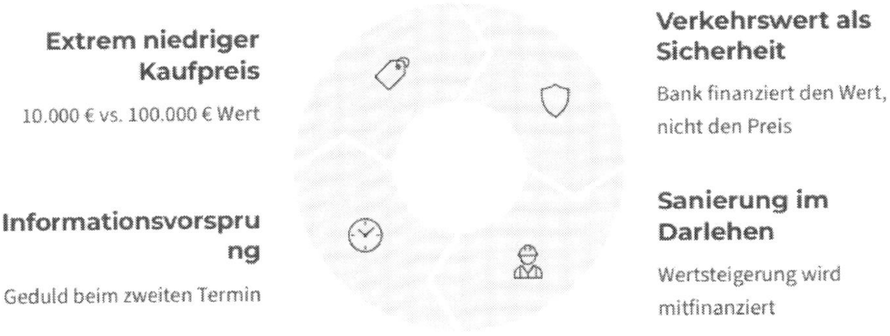

Eigenkapital wird also nicht durch „Tricks" ersetzt, sondern durch:

1. Informationsvorsprung – Sie wissen, was andere übersehen
2. Geduld – Sie warten auf den zweiten Termin, wenn andere längst weg sind
3. 3. Disziplin beim Kaufpreis – Sie bieten nur, wenn der Deal stimmt

Das ist keine Magie, sondern Methode. Und genau deshalb funktioniert es auch langfristig und nachhaltig. Die Bank finanziert nicht Ihren Traum, sondern eine solide Wertschöpfung – und davon profitieren beide Seiten.

16.8 Die Grenzen dieses Modells (ehrlich)

Jetzt wird es unangenehm – aber notwendig. Denn so gut dieses Modell auch ist: Es hat klare Grenzen. Und wer diese ignoriert, landet nicht mit wenig Eigenkapital in einer Immobilie, sondern mit hohen Schulden vor dem Insolvenzgericht.

❌ Das Modell funktioniert NICHT, wenn:

- Der Verkehrswert unrealistisch hoch angesetzt ist (übertriebenes Gutachten)
- Die Sanierung aus dem Ruder läuft (schlechte Planung, Pfusch)
- Keine Vermietbarkeit besteht (Lage zu schlecht, Objekt ungeeignet)
- Banken den Gutachterwert nicht akzeptieren (z. B. bei exotischen Objekten)
- Der Käufer planlos agiert (keine Kalkulation, keine Reserve)

✅ Das Modell funktioniert NUR, wenn:

- Sauber gerechnet wird (realistische Zahlen, keine Wunschdenken)
- Konservativ finanziert wird (Puffer einplanen, nicht das Maximum ausreizen)
- Reserven eingeplant sind (mindestens 20 % über der Kalkulation)
- Die Sanierung strukturiert abläuft (Zeitplan, Festpreise, Kontrolle)
- Die Vermietung gesichert ist (Nachfrage prüfen, Mietpreisspiegel kennen)

Ein reales Negativbeispiel: Jemand kauft für 8.000 € eine Immobilie mit einem „Gutachten", das 120.000 € bescheinigt. Die Bank finanziert 72.000 €. Nach der Sanierung stellt sich heraus: Das Objekt ist in Wahrheit maximal 70.000 € wert, und die Sanierung hat 55.000 € gekostet statt der geplanten 35.000 €. Ergebnis: Überschuldung, kein Weg zurück.

> 🗒 **Rechtlicher Hinweis:** Bei bewusst überhöhten Gutachten droht nicht nur der finanzielle Ruin, sondern auch strafrechtliche Konsequenzen wegen Betrugs (§ 263 StGB). Seien Sie ehrlich – auch zu sich selbst.

16.9 Warum das kein „Geld aus dem Nichts" ist

Es gibt einen Satz, den jeder Leser dieses Kapitels verstehen muss – nicht intellektuell, sondern emotional. Er lautet:

> **Du hast nicht mehr Geld – du hast mehr Handlungsspielraum.**

Das ist ein gewaltiger Unterschied. Mehr Handlungsspielraum bedeutet: Sie können sanieren, modernisieren, vermieten – ohne vorher jahrelang sparen zu müssen. Aber Sie sind auch **verantwortlich** für jeden Cent. Die Bank vertraut Ihnen 60.000 € an, nicht als Geschenk, sondern als Werkzeug.

Verantwortung

Jede Entscheidung hat Konsequenzen. Schlechte Handwerker, überteuerte Materialien, fehlende Kontrolle – das alles bezahlen Sie später mit Zinsen und Stress.

Langfristige Bindung

Sie sind für die nächsten 10, 15, vielleicht 20 Jahre an diese Immobilie gebunden. Das ist keine Last, aber es ist auch keine Freiheit – es ist eine Verpflichtung.

Diszipliniertes Wirtschaften

Keine Spielchen, keine kreativen Buchführungen. Miete muss reinkommen, Raten müssen bezahlt werden, Rücklagen müssen gebildet werden. Punkt.

Der Preis für „wenig Eigenkapital" ist also nicht finanzieller Natur – er liegt in der Disziplin, der Geduld und der Bereitschaft, Verantwortung zu übernehmen. Wer das nicht will, sollte dieses Modell nicht nutzen. Wer es aber schafft, hat einen der mächtigsten Hebel für Vermögensaufbau in der Hand.

Checkliste: Bereit für den Kauf mit wenig Eigenkapital?

Bevor Sie diesen Weg gehen, prüfen Sie ehrlich, ob Sie die folgenden Kriterien erfüllen. Diese Checkliste ist keine Empfehlung, sondern eine Realitätsprüfung.

✓ Gutachten bankfähig und realistisch

Erstellt nach § 194 BauGB oder vergleichbar, von einem anerkannten Sachverständigen, mit nachvollziehbaren Vergleichswerten.

✓ Kaufpreis deutlich unter Verkehrswert

Mindestens 50 % unter Gutachterwert, idealerweise sogar mehr. Sonst funktioniert die Hebelwirkung nicht.

✓ Sanierungskosten klar kalkuliert

Drei Angebote von Handwerkern eingeholt, Festpreise vereinbart, 20 % Puffer eingeplant für Unvorhergesehenes.

✓ Vermietbarkeit geprüft

Mietpreisspiegel konsultiert, Nachfrage in der Region analysiert, realistische Mieteinnahmen kalkuliert (nicht Wunschdenken).

✓ Bank akzeptiert Finanzierungsmodell

Vorgespräch geführt, Zusage (zumindest grundsätzlich) eingeholt, Konditionen geklärt.

✓ Persönliche Bonität ausreichend

Keine negativen Schufa-Einträge, regelmäßiges Einkommen nachweisbar, keine laufenden Kreditverpflichtungen, die das Modell gefährden.

✓ Zeitliche Ressourcen vorhanden

Sanierung begleiten, Handwerker kontrollieren, Vermietung organisieren – das braucht Zeit. Seien Sie ehrlich: Haben Sie die?

✓ Emotionale Belastbarkeit gegeben

Immobilien bedeuten Stress. Mieter, Handwerker, Banken – alles will koordiniert werden. Können Sie damit umgehen?

Wenn Sie alle Punkte mit „Ja" beantworten können: Glückwunsch, Sie sind bereit. Wenn nicht: Arbeiten Sie an den offenen Punkten, bevor Sie starten. Niemand profitiert von einem übereilten Kauf – schon gar nicht Sie selbst.

16.10 Fazit: Eigenkapital ist eine Option, keine Voraussetzung

Immobilien mit wenig oder keinem Eigenkapital zu kaufen ist möglich, legal und banküblich. Aber – und das ist das große Aber – nur unter einer Bedingung: Der Deal muss beim Kauf stimmen.

Nicht die Finanzierung macht das Investment gut. Nicht die Bank, nicht der Steuerberater, nicht einmal Ihre handwerklichen Fähigkeiten. Sondern allein der niedrige Einstiegspreis. Wenn dieser stimmt, wird Eigenkapital zur Option, nicht zur Voraussetzung. Wenn er nicht stimmt, hilft auch das beste Finanzierungsmodell nicht weiter.

Kaufpreis ist König

Alles andere ist Beiwerk. Der niedrige Einstieg entscheidet über Erfolg oder Misserfolg.

Hebelwirkung durch Sicherheit

Banken finanzieren keine Träume, sondern Werte. Geben Sie ihnen diesen Wert.

Disziplin schlägt Kapital

Wer konservativ rechnet, transparent plant und Geduld hat, gewinnt – auch ohne großes Startkapital.

Dieses Kapitel sollte Ihnen eines klar gemacht haben: Es gibt keinen Zaubertrick. Aber es gibt einen Weg. Und dieser Weg steht jedem offen, der bereit ist, die Regeln zu verstehen, diszipliniert zu arbeiten und geduldig zu bleiben. Immobilien mit wenig Eigenkapital sind kein Märchen – sie sind Realität. Für viele Menschen. Vielleicht auch für Sie.

Der nächste Schritt liegt bei Ihnen. Nicht morgen. Nicht irgendwann. Jetzt.

Stichwortverzeichnis

Printed in Poland
by Amazon Fulfillment
Poland Sp. z o.o., Wrocław

64965371R00088